JOSÉ MARTÍ Y EL ROMANTICISMO SOCIAL

Perspectiva ideológica en sus Crónicas sobre los Estados Unidos

COLECCIÓN CUBA Y SUS JUECES

EDICIONES UNIVERSAL, Miami, Florida, 2014

José L. Mas

JOSÉ MARTÍ Y EL ROMANTICISMO SOCIAL

Perspectiva ideológica en sus Crónicas sobre los Estados Unidos

Copyright © 2014 by José L. Mas

Primera edición, 2014

EDICIONES UNIVERSAL
P.O. Box 450353 (Shenandoah Station)
Miami, FL 33245-0353. USA
Tel: (305) 642-3234 Fax: (305) 642-7978
e-mail: ediciones@ediciones.com
http://www.ediciones.com

Library of Congress Catalog Card No.: 2014939806
ISBN-10: 1-59388-261-0
ISBN-13: 978-1-59388-261-7

Composición de textos: María Cristina Zarraluqui

Diseño de la cubierta: Luis García Fresquet

Todos los derechos
son reservados. Ninguna parte de
este libro puede ser reproducida o transmitida
en ninguna forma o por ningún medio electrónico o mecánico,
incluyendo fotocopiadoras, grabadoras o sistemas computarizados,
sin el permiso por escrito del autor, excepto en el caso de
breves citas incorporadas en artículos críticos o en
revistas. Para obtener información diríjase a
Ediciones Universal.

ÍNDICE

PRÓLOGO 7

INTRODUCCIÓN 11

SECCIÓN I
Formación intelectual de José Martí 25

SECCIÓN II
Afinidades y coincidencias del joven José Martí
con el Romanticismo Social de F. R. Lamennais 49

Perspectiva ideológica de las crónicas
sobre los Estados Unidos 69

SECCIÓN III
Esquema de la sociedad material 73

SECCIÓN IV
Esquema de la sociedad espiritual 113

SECCIÓN V
La espiritualidad como valor cultural
fundamental en toda sociedad 149

PRÓLOGO

José Martí fue un escritor extraordinario y es considerado por los cubanos como la más distinguida personalidad literaria e intelectual en la historia de su nación. Como además fue la figura central en el movimiento independentista de la isla de Cuba es venerado por el pueblo en general, quienes habitualmente lo identifica como su Apóstol o Maestro, en reconocimiento de las enseñanzas de su prédica escrita y por su actuación en todas las actividades de su vida, tanto públicas como privadas. Y, naturalmente, ha sido y es estudiado o comentado profusamente en Cuba por intelectuales y académicos bien acreditados con diferentes propósitos, algunos de ellos de carácter político.

En América Latina y España también es ampliamente conocido por haber residido en esas naciones por algún tiempo y especialmente por sus crónicas sobre los Estados Unidos que eran publicadas en periódicos de Latinoamérica. No hay duda que las crónicas de Martí influyeron en muchos activistas sociales de América Latina y despertaron curiosidad por su calidad y contenido ideológico. Desde su muerte, en 1895, hasta hoy en día su personalidad literaria e intelectual ha sido catalogada al nivel de los mejores escritores de la región.

Aunque menos conocido en el resto del mundo, también ha tenido reconocimiento en los Estados Unidos, especialmente por su residencia en New York durante 15 años y el interés norteamericano en la independencia de Cuba, en la cual el país estuvo involucrado en el siglo XIX. Asimismo la obra de Martí es bien conocida en los sectores académicos, dentro de los cuales continúa interesando por su contenido tanto literario como ideológico.

Desde el punto de vista literario los escritos en prosa y verso de Martí han sido altamente apreciados, especialmente porque con su estilo novedoso inició lo que se conoce en América Latina como el Movimiento Modernista de la lengua española. Este movimiento se caracterizó por la apertura de nuevos horizontes literarios que se apartaban del tradicional estilo romántico, y al cual se afiliaron figuras tan distinguidas de las letras hispanas como Manuel Gutiérrez Nájera y Rubén Darío.

La producción literaria en prosa de Martí igualmente ha recibido atención por su contenido ideológico, el cual ha sido extensamente comentado por intelectuales de Cuba, América Latina, España y los Estados Unidos. Sin embargo, y no obstante lo diversidad de estudios realizados, no se ha logrado un resultado aceptable ya que en su mayoría solo ofrecen especulaciones sin evidencia que demuestre su afiliación a una ideología concreta o un contenido ideológico original.

En nuestra exposición vamos a explorar la formación intelectual de Martí y establecer su probable afinidad con el movimiento ideológico conocido como el Romanticismo Social y el pensador francés Felicité R. Lamennais, quien dedicó su vida pública a luchar en su país por cambios políticos y sociales durante el siglo XIX. Sus ensayos, publicados en diferentes libros, no sólo fueron influyentes en Francia, sino que también inspiraron a muchos otros intelectuales tanto en Europa como en América Latina.

Por lo dicho anteriormente, este estudio sobre la ideología de Martí lo hemos desarrollado utilizando el contenido de las crónicas que escribió Martí sobre los Estados Unidos a que antes nos referimos. Estas crónicas contienen el material más idóneo para intentar un análisis de las numerosas ideas sobre temas sociales expresadas por Martí en sus escritos. Y para su mejor interpretación, las hemos organizado dentro de los principios rectores del Romanticismo Social y su representante más destacado, el escritor francés Felicité R. Lamennais dado su similitud con el pensamiento martiano.

A los efectos de facilitar la narración, el contenido lo presentamos en secciones individuales sucesivas y explicativas de los distintos componentes del estudio los cuales, aunque independientes en su presentación, son complementarios en la consecución del propósito final que es el de exponer unitariamente la ideología del pensador cubano y ofrecer la mayor cantidad de evidencia que acredite la posible influencia que antes mencionamos.

Estamos conscientes de que corresponde a los lectores aquilatar el mérito de nuestro trabajo, pero creemos haber conseguido justificar la importancia de las crónicas martianas como material idóneo para exponer un compendio de las ideas de Martí sobre diferentes temas fundamentales de nuestra existencia humana tanto individual como social. Asimismo, consideramos haber hecho un resumen creíble de la formación intelectual de Martí y de su identificación con Felicité R. Lamennais y el Romanticismo Social desde su primera publicación titulada *El presidio político en Cuba*, todo lo cual facilitó nuestra indagación sobre las posibles influencias en su ideología.

En resumen, creemos que Martí en sus crónicas sobre los Estados Unidos se propuso hacer un análisis de contenido filosófico, de lo que para él constituían los principios éticos y morales que deben regir toda sociedad, y los cuales contienen, como se verá, una espiritualidad que suponemos de inspiración religiosa. Todo lo cual muestra una estrecha afinidad con los postulados romántico sociales del pensador francés Felicité R. Lamennais y constituye lo que hemos titulado una «Perspectiva ideológica de José Martí en sus crónicas sobre los Estados Unidos».

INTRODUCCIÓN

Uno de los fenómenos más interesantes en el último tercio del siglo XIX, es el desarrollo, en las letras latinoamericanas, de la crónica literaria. El auge de este género, a la vez literario y periodístico, coincide con el movimiento modernista en América y fue cultivado por las figuras más destacadas del movimiento como José Martí, Manuel Gutiérrez Nájera y Rubén Darlo.

Quizá sea precisamente en la prosa contenida en las crónicas, más que en el verso, donde empezó la verdadera renovación modernista, pues no sólo se inició aquella primero, sino que también tuvo una mayor trascendencia. Así lo ha señalado el profesor Manuel Pedro González: «No sólo la renovación del arte de la prosa precedió en una década a la del verso, puesto que se consumó entre 1880 y 1882, sino que a la postre fue de mucha mayor trascendencia artística porque afectó a todos los géneros literarios, y aun creó alguno como el poema en prosa».[1]

Entre los primeros que la cultivan, están, sin duda, José Martí y Manuel Gutiérrez Nájera, quienes se anticipan a Darío, y sirven en mucho de modelo e inspiración al escritor nicaragüense. El impacto de las crónicas de. Martí y Nájera en su tiempo es indiscutible, y se basa principalmente en haber dado a esta forma una modalidad hasta entonces desconocida, al combinar el relato interesante e informativo con una intención artística y renovadora.

Al referirse el profesor González a este aspecto, señala como el mismo es de origen francés: «Al reivindicar Martí y Nájera los valores poéticos para la prosa adaptando a nuestra lengua los refinamientos, la flexibilidad sintáctica, el colorido, la musicalidad, el sentido de selección y la levedad que la prosa francesa

---

[1] *Notas críticas* (La Habana, 1969), p. 42.

había alcanzado hacia 1880, se enriqueció y ennobleció la prosa española».²

Por otro lado, es un hecho que en la utilización de la crónica como vehículo expresivo, como en otros aspectos literarios frecuentemente estudiados, también es Martí un precursor. Y no sólo en los aspectos formales, sino también en su contenido ideológico y ético, como también indica el Prof. González: «El día que se haga este indispensable estudio de estilística comparada, se advertirá —con asombro de muchos— que José Martí no sólo fue el primero en el tiempo y en la talla ideológica y ética entre los modernistas, sino también el más artístico, musical y plástico de los prosistas que dieron alta jerarquía estética a aquel movimiento».³

Puede afirmarse que José Martí es una figura destacadísima de la época en Latinoamérica, y es precisamente a través de sus crónicas periodísticas como dio a conocer su pensamiento, que en gran medida contribuyó a convertirlo en uno de los líderes espirituales del mundo hispanoamericano. Fue el escritor latinoamericano más conocido, sobre todo por la difusión de sus artículos publicados en *La Nación* de Buenos Aires, los cuales eran reproducidos por muchos otros periódicos y revistas del Continente. Además de darlo a conocer literariamente, estas publicaciones le sirvieron en gran medida de tribuna para la difusión de su ideología, que con toda seguridad fue uno de los propósitos básicos de Martí.

Dentro del enorme volumen de crónicas escritas por Martí, sin duda se destacan aquellas que escribió sobre los Estados Unidos, que muchos consideran la manifestación más importante de su producción literaria, Andrés Iduarte se ha referido al valor de estos trabajos de Martí, y enfáticamente expresa su opinión en cuanto a la atención que merecen las mencionadas crónicas: «No

---

² Ibid., p. 42.

³ Ivan A. Schulman y Manuel Pedro González, *Martí, Darío y el Modernismo* (Madrid, 1968), p. 162.

un capítulo, ni un libro, sino muchos libros merecen sus páginas sobre los Estados Unidos».[4]

Su permanencia de quince años en los Estados Unidos lo coloca en una posición privilegiada sobre todos los demás escritores extranjeros que escribieron sobre ese país. Este hecho le permitió hacer un examen detallado e ininterrumpido de los acontecimientos más destacados de la sociedad americana, y estudiar desde dentro las causas y efectos de los fenómenos sociales. Por estas razones, y porque fueron escritas durante una de las épocas más convulsivas porque ha atravesado la nación americana, las crónicas de Martí constituyen sin duda el más completo estudio sobre los Estados Unidos, realizado por un escritor en lengua castellana.

El impacto de la crónica martiana debe ser apreciado a la luz de la reacción que tuvo en otros escritores de su época, Se destaca entre ellos Rubén Darío, quien no tuvo a menos confesar públicamente a la muerte de Martí, el valor extraordinario de las crónicas del escritor cubano: «hay en los volúmenes de la colección de *La Nación*, tanto de su metal fino y piedras preciosas, que podría sacarse de allí la mejor y más rica estatua. Antes que nadie Martí hizo admirar el secreto de las fuentes luminosas. Nunca la lengua nuestra tuvo mejores tintes, caprichos y bizarrías».[5]

Otro lector distinguido que quedó impresionado con la crónica de Martí fue Domingo Faustino Sarmiento, quien se refirió al fenómeno martiano con sorpresa, pero expresando al mismo tiempo su reserva a lo que consideraba un exceso de subjetividad o de prédica en los escritos de *La Nación*: «Quisiera que Martí nos diera menos Martí, menos latino, menos español de raza y menos americano del Sur, por un poco más del yanquee, el nuevo tipo de hombre moderno, hijo de aquella libertad cuya colosal estatua nos ha hecho admirar al lado de aquel puente colgado de

---

[4] *Martí escritor* (México, 1944), p. 261.

[5] *Los raros* (La Plata, 1943), p. 190.

Brooklyn, que parece responder a la cascada del Niágara por los tamaños».[6]

Pero exceptuando estos juicios, en general la crítica contemporánea de Martí no aquilató suficientemente su calidad de escritor. Sólo después de algunos años de su muerte, es que por detrás de la imagen del luchador político, empieza a perfilarse poco a poco, la figura del escritor, del artista y del pensador. En España, grandes personalidades literarias, Unamuno primero y luego Juan Ramón Jiménez, ensalzan ciertos aspectos positivos en Martí pero don Federico de Onís será quien dejara constancia exacta de las irradiaciones de Martí en las letras hispanoamericanas: «El primero y más grande de esta época fue José Martí, que en su prosa lírica —ensayos, discursos, cartas— y en sus versos libres o sencillos inicia, con uno de los estilos más personales de la lengua castellana, los temas y actitudes que van a perdurar y desarrollarse de manera varia y creciente hasta hoy...».[7]

En América Latina críticos de la talla de Gabriela Mistral, Pedro y Max Henríquez Ureña y Enrique Anderson Imbert se han referido encomiásticamente a aspectos estilísticos de la prosa martiana. Existen infinidad de estudios generales y particulares de la producción de Martí, en muchos de los cuales se hacen referencia o acotaciones a las crónicas. Uno de los estudiosos cubanos contemporáneos más dedicado e informado de Martí, Cintio Vitier, se ha manifestado así al hablar de este aspecto de la producción martiana: «Creemos que en estas crónicas se revela, mejor que en el teatro, o la novela misma, el dramaturgo y el novelista que habían en Martí. Su identificación con lo que cuenta es tan absoluta que a veces creemos asistir a la intimidad de sucesos que ni siquiera contempló jamás realmente. Su modo de ponerse en el lugar de lo que cuenta es tal que a veces no sabemos si habla en nombre propio o en el ajeno».[8]

---

[6] Gonzalo de Quesada y Miranda, *Martí periodista* (La Habana, 1929).

[7] *Cuadernos*, XXI (París, 1956), p. 17.

[8] *Temas martianos* (La Habana, 1969), p. 221.

En los Estados Unidos se han realizado varios estudios técnicos importantes que incluyen aspectos de la prosa martiana.[9] En ellos las crónicas sobre los Estados Unidos han merecido sólo la atención limitada correspondiente al tópico individual de las mismas. Dos tesis doctorales contienen información específica en cuanto a las crónicas de Martí sobre los Estados Unidos, una preparada por Roberta Day Corbitt, bajo el título de *José Martí and the United States: The Colossal Theatre*,[10] y otra por David Harding Allen, *Ariel y Calibán, The Turning Point*,[11] que dedica un capítulo a José Martí. Ambas enfocan su estudio sobre los aspectos externos o anecdóticos de las crónicas, sin entrar a analizar otros valores intrínsecos de las mismas.

Aunque reconociendo el mérito de muchos de los trabajos sobre la producción martiana que tiene que ver con sus crónicas, y específicamente las que tratan sobre las crónicas de los Estados Unidos, en ninguno de ellos se hace un estudio sobre el aspecto ideológico de las mismas. Manuel Pedro González es quien con más visión de conjunto señala algunos particulares significativos de la actitud y del pensamiento de Martí en sus crónicas americanas, en su folleto *José Martí, Epic Chronicler of the United States in the Eighties*.[12]

Desde luego que el estudio del aspecto ideológico presenta dificultades, ya que el mismo está vinculado con el propio narrador y con el desarrollo de los asuntos en relación con los posibles lectores. Este mecanismo implicará una «perspectiva» o «visión», que puede ser más o menos real, pero que siempre incluye cierto modo de ver y consecuentemente de narrar los hechos. Todo estudio sobre la perspectiva con que se contemplan los hechos,

---

[9] Los más importantes son el de Ivan A. Schulman, *Símbolo y color en la obra de José Martí* (Madrid, 1960), y la tesis doctoral no publicada de Isis Molina de Galindo, bajo el título *La modalidad impresionista en la obra de José Martí* (UCLA, 1966).

[10] Kentucky (Universidad de Kentucky, 1955).

[11] Los Angeles (UCLA, 1968).

[12] North Carolina (University of North Carolina Press, 1953).

ofrece grandes escollos porque casi siempre ésta es diversa, pues la visión total contiene una serie de aspectos aislados, los cuales en su conjunto constituyen una realidad. Como ha dicho Ortega y Gasset éstos son precisamente los elementos con que se construye la verdad histórica: «La realidad, que un momento pareció consistir en una infinidad de hechos cristalizados, quietos en su congelación, se liquida, mana y toma un andar fluvial. La verdadera realidad histórica no es el dato, el hecho la cosa, sino la evolución que con esos materiales fundidos, fluidificados, se construye.»[13]

Sin embargo, es indiscutible la importancia que tiene el aspecto ideológico, no sólo en la crónica de Martí sino en toda la literatura hispanoamericana, por su contenido extra-literario. Como ha señalado el profesor Aníbal Sánchez Reulet: «gran parte de nuestra literatura se ha inspirado y sigue inspirándose en motivos extraliterarios, y fue y sigue siendo un vehículo de ideas, un instrumento de transformación social, un arma de combate».[14]

No hay duda que el análisis de los principios ideológicos en las crónicas de Martí sobre los Estados Unidos resultará esencial, no sólo por su valor intrínseco, sino porque ellos son los que van a determinar la perspectiva y el contenido de su narración. El examen de la ideología martiana ofrecerá los elementos sobre los cuales se sustentan los temas escogidos en sus crónicas y explicará la visión que el escritor nos ofrece sobre los distintos aspectos de un país y de una sociedad, Estos trabajos constituyen, en su conjunto, el único estudio realizado por el escritor cubano sobre una sociedad concreta, los Estados Unidos de América, que es desde luego la que más extensamente analizó, ya que allí residió durante los años más fecundos de su vida como hombre público y como escritor.

Por otra parte, la experiencia de Martí resulta única por haber sido testigo presencial de uno de los fenómenos sociales más

---

[13] José Ortega y Gasset, *La deshumanización del arte* (Madrid, 1956), p. 173.

[14] «Los ensayistas del Caribe», *Revista Interamericana de Bibliografía*, VII (1957), p. 144.

importantes del siglo XIX en el mundo. Los juicios que emite resultan trascedentes, pues una situación sujeta indiscutiblemente a grandes cambios, tanto en el orden material como espiritual, colocaba al escritor sagaz que Martí era en posición de tener que tomar una dirección determinada. Aunque el conjunto de la perspectiva o visión total es complejo y heterogéneo, es evidente que Martí siempre encaja su relato dentro de una intención primigenia. Su comunicación con el posible lector latinoamericano la hace descansar sobre una serie de principios ideológicos o de normas éticas, que tienen una estructura precisa y que dan a su trabajo sobre los Estados Unidos un sentido de armonía o unidad.

Resulta evidente que dentro de la diversidad o pluralidad de temas de que tratan las crónicas, Martí se propuso la exposición de su ideología personal. Frecuentemente el efecto final no estará en los acontecimientos cotidianos que sirven de marco a la narración, sino en la secuencia progresiva de los hechos históricos, vistos a la luz del pensamiento del escritor. Martí estaba muy consciente del significado y del «espíritu» que anima todos sus artículos, y así lo expresa en su llamado «testamento literario»: «De lo que podría componerse una especie de *Espíritu*, como decían antes a esta clase de libros, sería de las salidas más pintorescas y jugosas que Ud. pudiera encontrar en mis artículos ocasionales. ¿Qué habré escrito sin sangrar, ni pintado sin haberlo visto antes con mis ojos?»[15]

Se ha intentado varias veces dilucidar los aspectos ideológicos en Martí, pero en general la indicación de las fuentes ha sido confusa y se ha desdeñado el estudio de los aspectos sociales de su pensamiento a la luz de una ideología concreta. Un enfoque de las crónicas que se refieren a los Estados Unidos, aunque limitado en su extensión, tiene que ser necesariamente un estudio sobre el escritor ya que es imposible desligarlas de su obra total.

Asimismo, un «libro total» sobre Martí parece casi imposible, aunque la tarea ha sido abordada por algunos. Manuel Pedro González e Ivan A, Schulman en su libro *José Martí, esquema*

---

[15] José Martí, *Obras completas* (La Habana, 1963), I, p. 27.

ideológico[16] trazan con acierto las líneas generales del pensamiento martiano, pero el mismo se limita solamente a ofrecer una antología de temas importantes, sin estudiar posibles fuentes específicas ni presentar orgánicamente la ideología martiana. Los intentos de consideración más recientes, han sido la obra de Roberto Agramonte, *Martí y su concepción del mundo*[17] profunda indagación del pensamiento y filosofías martianas y la de Ezequiel Martínez Estrada, bajo el título *Martí revolucionario*, en la que el crítico argentino intenta un acercamiento intuitivo al hombre y al escritor que fue José Martí. Realmente el propio Martínez Estrada no quedó satisfecho con su obra, pues reclama más estudios serios sobre Martí: «Tanto la personalidad literaria como la revolucionaria de Martí no solamente permanecen desconocidas sino que se han trastocado el orden de sus valores».[18]

Consideramos que es importante investigar las posibles fuentes ideológicas martianas y de intentar la presentación esquemática del panorama de sus ideas, con el doble propósito de esclarecer un campo hasta ahora oscuro y contribuir a la apertura de áreas específicas de investigación futura. De nuevo el profesor Manuel Pedro González insiste en esta debatida, pero poco fructífera, cuestión:

> Este es un aspecto [el ideológico] de la obra martiana apenas explorado todavía. El primero que se detuvo a compulsar su pensamiento fue don Fernando de los Ríos. Después de Don Fernando, los que con más seriedad han escrito sobre el tema han sido Jorge Mañach, Miguel Jorrín y Medardo Vitier; pero hasta la fecha carecemos a un estudio exegético agotador que nos dé el panorama completo de sus ideas y deslinde las múltiples influencias que en él dejaron huellas.[19]

---

[16] (México, 1961).

[17] (Puerto Rico, 1971).

[18] (La Habana, 1967), p. 527.

[19] Manuel Pedro González, *Antología crítica de José Martí* (México, 1960), p. 305.

Para evitar disquisiciones en el estudio de la perspectiva ideológica de las crónicas de Martí sobre los Estados Unidos, éste debe intentarse deslindando los aspectos realmente importantes de lo examinado por el escritor, después que se haya trazado una posible línea de pensamiento que corresponda a su formación intelectual, lo cual debe ofrecer un resultado total de su visión. No hay que olvidar que Martí, a través de sus crónicas, levanta una especie de tribuna desde la cual va a comunicarse con el público latinoamericano. Escribe no solamente como un periodista o cronista interesado en una actividad o una noticia, sino que mediante sus crónicas hace una prédica política y social, pero sobre todo moral, ya que sin duda Martí consideraba este aspecto de suma importancia para la integración de cualquier sociedad.

Juan Marinello se ha referido con acierto a la intención martiana, y analizando el tono romántico que observa en Martí, deja constancia de que en el escritor hay más que aspectos externos de una modalidad literaria, y que su actitud corresponde a una postural vital. Por eso recomienda que cualquier análisis de la prosa martiana se haga con el objetivo puesto en la intención del escritor, dándole a la misma el oficio trasmisor, explicativo, funcional que toda prosa supone: «Cuando Martí compone una de sus grandes oraciones políticas o literarias no tiene en su mente realizar una obra de novedad alquitarada, ni menos amoldar sus potencias a determinadas corrientes. La creación queda dominada todo el tiempo por la intención generosa».[20]

Con respecto a las crónicas sobre los Estados Unidos, tal intención debe responder a cierta manera de pensar aplicada a una realidad concreta como era la sociedad americana de la época, que el escritor se propuso examinar, Por tanto, para establecer un punto de partida en el estudio de esa intención, hay que procurar trazar ciertas líneas precisas de influencias o afinidades de Martí con la tendencias ideológicas de la época. En este campo, ha habido una gran profusión de opiniones, observando casi todos

---

[20] *José Martí escritor americano. Martí y el Modernismo* (La Habana, 1962), p. 152.

los críticos múltiples influencias en Martí que en general asignan a diferentes períodos de su vida. Frecuentemente se trata de explicar la vida y expresión literaria del escritor, por medio de una especie de «dualidad» ideológica, que intenta armonizar el espiritualismo y el pragmatismo. El profesor Ivan A, Schulman, se ha referido a esta posibilidad explícitamente, las que relaciona a específicas corrientes filosóficas, y que lo acerca al mismo planteamiento que hace Medardo Vitier en cuanto a la ideología martiana:

> Estas dos corrientes filosóficas —Romanticismo y Positivismo— son más que una herencia libre, en la vida de Martí representan actitudes vitales, pues su idealismo, apasionamiento, su fe en la «bondad innata del hombre», en la posibilidad de llevar a cabo tareas aparentemente imposible de realizar, son proyecciones de su misión política y redentora. Pero al mismo tiempo en la visión total de Martí hay una perspicacia —se diría, casi una clarividencia— que hizo ver con ojos de realidad, con los pies en la tierra, todos los problemas de la organización del Partido Revolucionario Cubano, y en un sentido más amplio, todos los problemas de Cuba y de la América Hispánica; educacionales, políticos, literarios, sociales, raciales, económicos, etc.[21]

Desde luego que el siglo XIX presenta una gran complejidad en el campo ideológico, lo que obviamente se refleja en el literario. En una época con marcada orientación sincrética y, consecuentemente, de ambivalencias, conflictos y contradicciones, sobre todo por la búsqueda de explicaciones a la conducta social del hombre. Contribuye a la confusión, la falsa interpretación que se ha dado al movimiento romántico en Latinoamérica, con frecuencia asociado solamente a elementos formales exteriores o explicado como un idealismo exagerado sin sentido práctico o real. Evidentemente que ambas actitudes resultan erróneas, pues el Romanticismo no es sólo un tono, estilo o forma de ex-

---

[21] «Estructuras polares en la obra de José Martí y Julián del Casal», *Revista Iberoamericana*, XXIX (1963), ps. 271-272.

presión, ni su ideología esta desvinculada de la concreta realidad humana.

En consecuencia resulta primordial, para no perderse en un mar de especulaciones y contradicciones, fijar los límites amplios del Romanticismo, ya que no hay duda que Martí responde mucho en su formación y actitud intelectual a ese movimiento con profundas raíces en América. No se tratare de encontrar una filosofía específica, sino más bien de un conjunto coherente de pensamientos, que mantengan una estructura unitaria. Tal propósito satisfaría la orientación «armónica», que recomienda Jorge Mañach se persiga en un estudio esquemático de la ideología martiana: «Hay que distinguir entre la filosofía propiamente dicha, y lo meramente "filosófico". Se puede calificar de esta manera a cualquier pronunciamiento sobre el sentido radical o profundo de las cosas y cualquier actitud mental que se afana *por comprender unitariamente la realidad*. A menudo, eso da de sí una filosofía en un sentido muy lato, un conjunto de pensamientos rectores».[22]

Hasta ahora, los estudios realizados sobre las probables fuentes ideológicas martianas no han conseguido establecer esta unidad, pues la mayoría de los críticos, incluyendo el propio Mañach, sólo se han limitado a indicar diversas tendencias, entre las cuales se destacan el Romanticismo, el Positivismo y el Krausismo. A esto habría que agregar una influencia inicial que muchos ven en la Biblia y otra, al final de su vida, representada por el trascendentalismo americano de Emerson Es obvio que se trata de un compendio de las diferentes enseñanzas o doctrinas a las cuales Martí estuvo expuesto durante su vida, sin que nadie haya intentado encontrar un común denominador para las mismas, Naturalmente que todas las mencionadas, son corrientes debatidas, activas e influyentes durante la época, y no hay duda que formaban parte del acervo intelectual de los diferentes países en que Martí vivió, Sin embargo, no hay ningún estudio que analice sistemáticamente las coincidencias de Martí con tales movimientos

---

[22] Manuel Pedro González, *José Martí, esquema ideológico* (México, 1961), p. 466.

ideológicos. Por el contrario, sólo algunos que tratan de negar su filiación, unas veces con el Romanticismo, otras con el Krausismo, y también con el Positivismo, que indiscutiblemente son las principales corrientes intelectuales del periodo.

Hasta ahora, nadie se ha preocupado de estudiar las vinculaciones de Martí con el llamado Romanticismo Social, corriente que sin duda tuvo extraordinaria influencia en Europa y América, especialmente a partir de 1830. Ni un solo crítico menciona los aspectos concretos de este movimiento en relación con Martí, y en parte se justifica la exclusión de un estudio de tal naturaleza, por el error de perspectiva que consiste en considerar al Romanticismo como una doctrina que, para los críticos, no tenía otra significación que la puramente literaria.

Este Romanticismo Social es típicamente francés, y sus características han quedado definidas, entre otros, por el profesor Roger Picard, en su obra *El romanticismo social*[23] y que lo distingue de las tendencias del Romanticismo alemán. Picard resume así su contenido: «El Romanticismo francés ha sido siempre un verdadero humanismo; no ha perdido nunca contacto con la realidad y quizá en sistemas sociales en los que domina la imaginación es donde se han encontrado más ideas prácticas que han sido realizadas por la posteridad».[24]

Tal doctrina, como examina Picard, sintetiza lo ideal y lo práctico en una forma que conforma la «dualidad» observada por muchos críticos en Martí. Parece por lo tanto, aconsejable establecer los posibles contactos de Martí con esta doctrina para luego estudiar la estructura ideológica que puede ser aplicada concretamente a la realidad social que representaba los Estados Unidos, examinada por Martí a fines del siglo XIX. Con el propósito de encontrar una línea continua de su pensamiento, es preciso investigar la formación intelectual de Martí en Cuba, y la de algunos de los maestros de quienes recibió sus enseñanzas, Como el Romanticismo Social representa una fuente ideológica no ex-

---

[23] (México, 1947).

[24] Ibid, p. 342.

plorada, necesariamente deben examinarse las posibilidades coincidentes o excluyentes de esta doctrina con las otras atribuidas a Martí por sus críticos principales. Finalmente, debe tenerse en cuenta que toda conclusión solo implicará un acercamiento, ya que no debe pretenderse encasillar al escritor en una doctrina específica, sino más bien de explicar su visión de la sociedad americana dentro de su propia ideología o concepción de la existencia humana.

Siendo el Romanticismo Social una corriente francesa no es raro que tuviera gran influencia en Cuba, dado que eran las de ese país las preponderantes durante la época tanto en España como en América Latina, así como en Cuba en particular. La influencia del pensamiento francés en José Martí ha merecido poca atención, y en general ha sido mencionada solo de pasada y nunca estudiada concretamente en relación con movimientos literarios específicos, ni con respecto a autor o autores en particular.

Algunos críticos, como Marinello, aunque reconoce las lecturas francesas de Martí, le da poca importancia en cuanto a identificaciones: «El breve y revelador contacto, tanto como las lecturas copiosas, y el recuerdo viviente, confirman la devoción martiana por lo francés. Se trata de una devoción muy estriada de comunicaciones intelectuales, no tanto de identificaciones apasionantes, si se hace excepción de Víctor Hugo, a quien Martí conoce y traduce».[25]

No existen trabajos que estudien la vinculación de Martí a la ideología francesa de la época. Aún aquellos críticos que reconocen en Martí tal influencia, solo ofrecen declaraciones vagas en las cuales colocan al escritor dentro de lo que llaman «liberalismo romántico», como lo hace Andrés Iduarte: «Las ideas que prevalecen en Martí son las del liberalismo romántico, sin aportaciones que podamos considerar novedosas. Lo novedoso en él, y lo que a menudo hace pensar en creaciones, son la bella forma y el

---

[25] Marinello, op. cit., p. 104.

aliento universal con que trata los temas más áridos o las ideas más comunes».[26]

En general, todos los que tratan de señalar influencias, evitan al mismo tiempo penetrar en un estudio particular y, como en el caso de Iduarte, prefieren establecer una premisa de originalidad para aquellas manifestaciones que se apartan de formas expresivas al uso. Como consecuencia, una indagación del pensamiento martiano en cuanto a sus crónicas sobre los Estados Unidos pondrá en adecuada perspectiva el contenido de su ideología. Tal estudio explicaría el verdadero valor de las crónicas sobre los Estados Unidos, al incluir el acontecer histórico examinado con una actitud filosófica, a la par que ofrecería un panorama de Martí con respecto a los fenómenos sociales, así como de los distintos aspectos de la dimensión ética que le otorga al hombre y a su presencia en el mundo.

---

[26] Iduarte, op. cit., p. 308.

SECCIÓN I

Formación intelectual de José Martí

La formación intelectual de Martí no ha sido definida en forma satisfactoria, pues nadie ha establecido un contacto documental preciso, y los trabajos escritos sobre materia ideológica, en general, examinan una variedad de influencias y posibilidades demasiado abarcadoras, que resulta al final confusa o contradictoria. Tampoco existe una vinculación confesada por el escritor con una doctrina específica, escollo con que han tropezado todos los críticos, y que categóricamente expresa Martínez Estrada: «Muy pocas veces ha expuesto Martí en forma discursiva sus convicciones sobre temas puramente filosóficos —y muchísimo menos metafísicos—, siendo menester revisar toda su obra y extraer de ella los pensamientos sueltos que reflejan sus íntimas creencias».[27]

Jorge Mañach es el que más ha penetrado en el análisis del pensamiento martiano, y ha tratado de exponer con alguna claridad el origen que, para él, tienen las ideas de Martí. Al igual que todos los que se interesan por este aspecto crítico de la obra del escritor cubano, Mañach se expresa dubitativamente, y solo se aventura a especulaciones basada en similitudes e intuiciones personales: «Cuáles fueron precisamente esas filosofías, no es fácil precisarlo. Martí no abunda en citas de autores, no se recuesta ostensiblemente en el pensamiento ajeno, aunque la filiación o el parentesco de sus ideas con estirpes ideológicas ajenas a menudo es evidente.»[28]

Sin embargo en el análisis porque trata Mañach de colocar a Martí entre el Romanticismo, el Krausismo y el Positivismo,

---

[27] *Martí Revolucionario*, (La Habana, 1967), p. 538.

[28] Manuel Pedro González, *Antología crítica de José Martí*, (México, 1960), p. 448.

doctrinas influyentes en las letras españolas de fines del siglo XIX, el crítico evidentemente se decide por establecer un definitivo contacto con la doctrina romántica, mediante lo que él califica de «armonismo» martiano: «Este armonismo cósmico, que se origina en la necesidad romántica de proyectar sobre el universo la unidad y espontaneidad de la conciencia es el principio que rige todo el pensamiento martiano: no sólo lo que pudiéramos llamar su pensamiento filosófico, sino también el práctico».[29]

Félix Lizaso, en su estudio sobre las ideas filosóficas de Martí menciona varias influencias, lo cual ha sido recogido por Medardo Vitier,[30] pero en términos generales rechaza el Romanticismo como doctrina presente en Martí:

> En síntesis, las corrientes ideológicas apuntadas en el estudio a que vengo refiriéndome son las siguientes: criterio espiritualista a virtud del cual Martí «consiguió en repetidos pasajes su fe inquebrantable en la vida futura»; un optimismo «evidente en Martí», contrario a la actitud romántica, que es de raíz pesimista; una bella resonancia del *estoicismo*, mediante lecturas de Marco Aurelio y Séneca; la doctrina platónica de las ideas o arquetipos; la noción de la confianza en sí propio, que se halla lo mismo en Séneca que en Emerson; un trascendentalismo acentuado con lecturas emersonianas; en consecuencia, desvío por la tesis evolucionista darwiniana que «no le satisfizo»; un influjo, no directo, de la filosofía indostánica, a través de Platón, de los neoplatónicos, de Emerson.[31]

El profesor Miguel Jorrín también en otro estudio sobre las ideas de Martí se refiere al aspecto romántico de la doctrina martiana, pero rechaza que a través de la misma, pueda interpretarse su filosofía, Por no ser esta una ciencia: «No hay duda del intelectualismo martiano. Pudo haber sido un romántico en otros aspectos, pero no en filosofía. Lizaso ha rebatido inclusive el ro-

---

[29] Ibid, p.457.

[30] Medardo Vitier, *Las ideas y la filosofía en Cuba*. (La Habana, 1970).

[31] Ibid, p. 180.

manticismo de la conducta del Maestro. Es tema en el cual no penetro. Me limito a lo filosófico».[32] Las influencias filosóficas más visibles en Martí, según el crítico, resultan el positivismo, el krausismo y el trascendentalismo de Emerson. Desde luego que con respecto a ésta última, conviene el crítico en estimar la misma como un problema de coincidencia más que de influencia: «En Martí hay, a no dudarlo, una semejanza con Emerson. Semejanza que es *más coincidente que determinante.* Halló en él un pensador afín, lo conoció y admiró profundamente, pero cuando tropieza con la filosofía emersionana, *ya tiene formado su pensamiento*» (subrayado nuestro).[33]

Medardo Vitier en su libro *Las ideas y la filosofía en Cuba*, recoge las distintas influencias que han señalado otros críticos, como presentes en Martí, y específicamente añade como importante también la Biblia: «Yo menciono un influjo más: el hebraico, que le llegó en la Biblia y en el misticismo español. Lo bíblico ya en cita o en imagen, hállase diseminado en buen número de páginas».[34]

El Dr. Roberto Agramonte, en su libro sobre Martí, titulado *Martí y su concepción del mundo*, ya mencionado antes, ha intentado demostrar el contacto de Martí con todas las corrientes filosóficas importantes, e indiscutiblemente su obra recoge infinidad de problemas específicos que analiza a la luz de las distintas escuelas occidentales y orientales. Más que nada se trata de un esfuerzo para encuadrar la «filosofía martiana» en el campo de las corrientes universales y sugerir las posibles lecturas de Martí en materia filosófica, así como su opinión con respecto algunos filósofos o escuelas. El trabajo muestra racionalmente la cultura del crítico y del escritor examinado, en ambos casos ecuménica y vasta, pero no llega a ninguna conclusión definitiva.

En resumen, Agramonte cree que Martí se encuentra vinculado a algo que llama «filosofía cubana» y que califica de libre y

---

[32] González, op. cit. ps. 485-486.
[33] Ibid, p. 487.
[34] Vitier, op. cit., p. 180.

asectaria, y que tiene sus raíces en el padre José de la Luz y Caballero y llega hasta Enrique José Varona, contemporáneo de Martí: «La filosofía martiana sigue la propia tradición de la filosofía cubana... que va desde el padre Luz y Caballero hasta Varona, consistente en una filosofía *libre* —en Caballero, es *filosofía electiva*. En tal virtud no tiene cátedra, ni púlpito, ni escuela, es asectaria».[35]

Para el crítico, como también para Jorrín y Vitier, existe una vinculación cubana en la raíz, pero el sistema parece ser propio y original de Martí, lo cual no lo colocan adscrito a ninguna doctrina o pensamiento específico, en lo que igualmente coinciden Mañach y los críticos más responsables. Desde luego, Agramonte, y también muchos otros, señalan las influencias que tuvieron el positivismo, el krausismo y el romanticismo en la formación del pensamiento martiano.

A fin de encontrar evidencia en la posible formación intelectual de Martí que mejor nos oriente, dentro de la diversidad de opiniones en relación con las influencias a las cuales pudo ser expuesto, consideramos adecuado estudiar las corrientes filosóficas que probablemente fueron preponderantes en Cuba y España durante su estancia en esos dos países, y establecer la posición del escritor cubano con respecto a esas doctrinas.

Consecuentemente, la cuestión del análisis de las influencias ideológicas en Martí lo vamos a centrar en los movimientos conocidos por Positivismo, Krausismo y Romanticismo que, para la mayoría de los críticos pudieran ser los más influyentes en su formación intelectual y, naturalmente, referirnos al impacto de esas tendencias en sus maestros en Cuba El transcendentalismo americano, como ha dicho Jorrín, es sólo una coincidencia y la posible influencia bíblica sería imposible precisar pues se encuentra diluida en infinidad de otras doctrinas y escritores a los que Martí fue seguramente expuesto.

---

[35] *Martí y su concepción del mundo* (Puerto Rico, 1971).

El positivismo

Aunque el positivismo ha sido mencionado por muchos críticos como doctrina influyente en Martí, nadie ha hecho un estudio indicando en qué consiste su influjo, y además existe evidente confusión en cuanto a determinarse de qué clase de positivismo se trata. Con el propósito de deslindar los campos vamos a distinguir entre las doctrinas del positivismo ortodoxo de Comte y otras ideologías también llamadas positivistas, como la de Spencer, o de doctrinas de carácter materialista evolucionista o cientificista.

Martí personalmente se encargó de rechazar todas esas doctrinas, aunque el profesor Roberto Agramonte estima que con respecto a Comte y su doctrina positivista «fue objeto de enjuiciamiento por parte de Martí, tanto en su aspecto constructivo como cuanto en el que consideró —visto críticamente— negativo».[36]

Sin entrar a analizar ahora las posibles coincidencias de Comte con otros pensadores de la época, respecto a ciertos principios, la doctrina, tal como fue conocida en América, fue negada enfáticamente por Martí quien declara: «Pasa el positivismo como cosa nueva, sin ser más que la repetición de una época filosófica conocida en la historia de todos los pueblos; porque esa que hemos transcrito del Talmud no es más que la timorata doctrina positivista, que con el sano deseo de alejar a los hombres de construcciones mentales ociosas, está haciendo el daño de detener a la humanidad en medio de su camino».[37]

Además de estos pronunciamientos, existe la polémica que sostuvo Martí personalmente con los positivistas mexicanos, durante su estancia en ese país. Mañach señala como Martí se enfrenta a los positivistas ideológicamente, oponiéndoles su idealismo: «Entre los distintos conflictos que dieron a aquella etapa de su vida un acento dramático, está esa crisis de las ideas, Martí debate con los positivistas mexicanos, que niegan la existencia autónoma del espíritu».[38]

---

[36] Agramonte, op. cit., p. 242.
[37] Martí, *Obras completas*, (La Habana, 1963), XV, p. 403.
[38] González, op. cit., p. 455.

Asimismo en 1884 escribirá un artículo sobre Herbert Spencer, en el cual celebra al escritor inglés por algunos de sus aciertos, sobre todo estilísticos y de lenguaje, pero rotundamente se opondrá a su doctrina que olvida los principios espirituales que para Martí son vitales en el hombre: «pues ve tanto que hacer en lo humano, que el estudio de lo extrahumano le parece cosa de lujo, lejana e infecunda, a que podrá entregarse el hombre cuando ya tenga conseguida su ventura, en lo que yerra, porque si no se les alimenta en la ardiente fe espiritual que el amor, conocimiento y contemplación de la Naturaleza origina, se vendrán los hombres a tierra, a pesar de todos los puntales con que los refuerce la razón, como estatuas de polvo».[39]

No tuvieron mejor suerte Darwin y los partidarios de teorías evolucionistas o cientificistas a las cuales Martí también categóricamente se opuso y llama a los que la defienden «teorizantes cegables y noveles, que tienen los ojos ligeros y solo ven la faz de las cosas, y no lo hondo».[40] Concretamente, vuelve a oponerse lo mismo que a los otros positivistas por su olvido del espíritu: «La alarma viene de pensar que cosas tan bellas como los afectos, y tan soberbias como los pensamientos, nazcan, a modo de flor de la carne, o evaporación del hueso, del cuerpo acabable; el espíritu se aira y se aterra de imaginar que serán vanos sus bárbaros dolores y que es juguete ruin de magnífico loco».[41]

Tampoco parece que haya habido una corriente positivista en Cuba, anterior a Enrique José Varona, contemporáneo de Martí, y debe aclararse que Leopoldo Zea señala que su filiación no es con la doctrina en general, sino con aquel positivismo que fuera capaz de estimular el espíritu de libertad de los cubanos: «Como su maestro José de la Luz y Caballero, Varona se opondrá a toda doctrina que en cualquier forma pudiese justificar la dominación española, se opondrá a cualquier doctrina que pudiese es-

---

[39] Martí, op. cit., p. 388.
[40] Ibid., p. 372.
[41] Ibid., p. 373.

timular el asentimiento de los cubanos a la misma. Así, dentro del positivismo empezará rechazando a Comte».[42]

Desde luego que Luz y Caballero no era positivista, por razones patrióticas como dice Zea, y además por convicciones religiosas propias que Medardo Vitier estudia, llegando a la conclusión de que «José de la Luz no es agnóstico, ni escéptico. Tampoco es positivista al uso. No parte de la metafísica, pero al cabo penetra en ella. Su ideario debe mucho a su tiempo, sin duda, y en general a la tradición del pensamiento europeo».[43]

El krausismo

Aunque el krausismo es la doctrina que se ha señalado por la mayoría de los críticos como más influyente en Martí, tampoco hay un estudio para demostrar categóricamente cómo se manifiesta dicha influencia en su obra, y sí solo menciones vagas de algunos puntos de referencia. Sin embargo, el crítico José A. Béguez niega rotundamente la filiación krausista de Martí, en análisis que hace bajo el título de *Martí y el krausismo*,[44] y el cual fundamenta en la siguientes premisas:

> José Martí, Apóstol de nuestra Independencia, a virtud de sus viajes a España conocía la doctrina krausista, sin que esto significara su adhesión a ella ni menos su simpatía, y hombre amante de la literatura en general, así como del saber, necesitaba impregnarse de ella, para combatir a España en la forma y manera que lo hizo, para lograr la organización de un plan unitario a los fines de proclamar y llevar nuestra Revolución hasta los más apartados rincones del mundo.
>
> Teniendo José Martí, como base de su vida, un espíritu de conciliación que norma y regula todos los actos de su vida; no es motivo suficiente ni base científica aceptable, el hecho o extremo

---

[42] *Dos etapas del pensamiento en Hispanoamérica*, (México, 1940), ps.329-330.

[43] Vitier, op.cit., p. 383.

[44] (La Habana, 1944).

probado, de que Martí conciliara la doctrina krausista con la de Hegel y Schelling, para señalarlo como simpatizante o de filiación krausista, para lo que no basta el antecedente de existir puntos coincidentes en pensamientos incompletos de Martí al compararlos con los de Krause.[45]

Esta doctrina krausista nunca fue preponderante en América, pero sí en la Península mientras Cuba todavía era una colonia y especialmente cuando Martí residió en España durante los años 1870 a 1874, Miguel Jorrín está convencido que es la corriente filosófica más influyente en Martí, en lo que coincide también con Agramonte y otros: «La huella más profunda de la filosofía extranjera que de un modo inmediato encontramos en Martí es la de aquella reelaboración, ampliación y mejoramiento que del oscuro y poco considerado de Christian Krause, surgió en España a comienzos de la segunda mitad del siglo pasado».[46] Comenta este crítico que no obstante ser el aspecto más señalado y coincidente de todos en la ideología martiana, sólo ha sido mencionado de pasada, inclusive por su primer observador, don Fernando de los Ríos.

También existe vaguedad en cuanto a indicar cuándo y cómo Martí recibió esas influencias, ya que no obstante referirse los críticos a su estancia en España, el mismo Jorrín ve esa influencia desde la primera obra de Martí, que parece que concibió desde Cuba, y que redactó en la Península a los pocos días de su llegada en 1870: «Influencia que aparece ya claramente en el *Presidio político* y que completa en España, *pero que parece haber recibido en Cuba* [subrayado nuestro], ya que es casi seguro que ese trabajo lo concibiera aquí o en la travesía a la Península».[47]

Andrés Iduarte se inclina por la misma tesis, señalando las raíces del krausismo en Cuba y su identificación desde la primera

---

[45] Ibid., p. 85.
[46] González, op.cit., p. 487.
[47] Ibid., p. 489.

obra de Martí, aunque este crítico es menos enfático y habla más bien de coincidencias: «Desde el *Presidio político* se ve en Martí un trascendentalismo vago" muy parecido al de los krausistas. Hubiera bastado el ansia cubana de revisión política de Martí para aproximarlo a los rebeldes en filosofía y enseñanza; pero a ella se agregaron *la formación afín que trae de Cuba* y su convivencia con los krausistas en la escuela y en la calle» (subrayado nuestro).[48]

Resulta, por tanto, necesario aclarar la posible influencia krausista en Cuba y las características del movimiento en España, a fin de fijar la posición de Martí con respecto a las mismas. Pero primero, debe destacarse que en ninguno de sus escritos declaró Martí su afiliación al krausismo, y por el contrario el propio Andrés Iduarte que señala una posible influencia se apresura a decir: «Martí no se declaró nunca krausista, los vio poco originales, creyó que seguían una corriente extranjera y ajena a lo español, condenó su lenguaje y desde 1882 parece haber olvidado sus nombres por completo».[49]

Analizaremos más adelante cuál es el krausismo que Martí conoció en España y qué aspectos del mismo podrían resultar coincidentes con su formación cubana. Ahora limitémonos a discutir la posible filiación krausista de José de la Luz y Caballero, de quien parecen arrancar las ideas martianas. Jorrín intenta de nuevo, al igual que hace con Martí establecer una posible conexión, aunque declara que se trata de un aspecto poco estudiado para indicar como premisa del pensamiento de José de la Luz, la filosofía alemana de Krause, directa o indirectamente. Distingue el crítico esta filosofía del llamado «krausismo español», que sí ve en Martí, pero ahora se muestra mucho más tímido en su juicio: «Sería muy interesante indagar la influencia de Krause sobre Luz y Caballero, la cual ha sido negada por algunos de nuestros más distinguidos eruditos. Es tema poco estudiado, y junto al cual no puedo detenerme; pienso sin embargo, que dicha influencia es

---

[48] *Martí, escritor* (México, 1944), p. 302.

[49] Ibid., p. 303.

muy semejante a la ejercida por el filósofo germano en Martí: fue de orientación espiritual, y no de escuela».⁵⁰

Medardo Vitier es mucho más decidido, pues analiza la filosofía de Luz y Caballero y rotundamente rechaza el krausismo alemán como influyente y ve sólo una semejanza con los kruasistas españoles en lo tocante a la prédica social, ética, de inmediato latido humano, y cree que «Krause se vivificó en España. Luz, por supuesto, no alcanzó más que el comienzo del movimiento krausista. De modo que no se trata de una influencia, sino de una consonancia limitada a la voluntad meliorista, al sesgo apostólico, evidente en Luz y en algunos krausistas españoles. Por lo demás ni la formación científica de Luz ni sus credos filosóficos lo acercan a Krause».⁵¹

Aunque la debatida influencia de Krause en Luz y Caballero produjo una polémica a la muerte del maestro en Cuba, no hay duda que ésta quedó disipada, al negar su filiación krausista su discípulo Antonio Ángulo y Heredia en declaraciones públicas al periódico neo-católico *El pensamiento español*, en España:

> Yo no he dicho que don José de la Luz era krausista. He dicho y repito que prefiere el sistema de Krause a los demás sistemas filosóficos de Alemania y que profesaba muchas de sus ideas, pero mi sabio maestro tenía un pensamiento filosófico demasiado original y demasiado independiente para «jurara in verba magistri», ciegamente a la moda de los neo-católicos. Por tanto, sometía las doctrinas de Krause como todas las doctrinas científicas, al criterio de la razón aceptando de ellas lo que parecía fundado y perfectamente demostrado y rechazando todo lo demás.⁵²

De todo lo anterior resulta lógico pensar que la formación intelectual de José de la Luz y Caballero fue anterior a la del auge del krausismo español, pues ya desde 1830 el maestro cubano

---

⁵⁰ González, op. cit., p. 470.

⁵¹ Vitier, op. cit., p. 398.

⁵² González, op. cit., p. 471.

había iniciado su formación ideológica en Francia. En su obra sobre el pensamiento latinoamericano, Leopoldo Zea indica con alguna aproximación de donde recibe Luz y Caballero sus primeras lecciones de filosofía: «José de la Luz y Caballero, el maestro cubano, conoce en el viejo continente el idealismo alemán y su expresión francesa, el eclecticismo de Cousin».[53]

Vitier observa en Luz y Caballero una formación religiosa y científica, además de una filosófica más o menos dentro de la línea señalada por Zea:

> En fin, una tercera dirección, la propiamente filosófica, a que afluyen corriente de antigüedad clásica —ninguna tan notoria como la de Aristóteles— de la patrística, de la escolástica, de innovación baconiana, de Locke muy señaladamente, de los grandes sistemas alemanes (de Kant a Hegel), y del movimiento biológico de la primera mitad del siglo XIX.[54]

Resulta procedente aclarar que la doctrina de Cousin, conocida por Luz y Caballero en Francia, y que tuvo sus adeptos en Cuba en los hermanos Manuel y José Zacarías del Valle, fue combatida públicamente por el pensador cubano en una famosa polémica.[55] Medardo Vitier se refiere a esta polémica del siglo XIX en Cuba, y menciona las razones porque Luz y Caballero rechazó esta doctrina:

> Por razones que en seguida vamos a considerar, Luz y Caballero no solo le negó el título de filósofo (reconociéndole el de filólogo), sino que reputó dañinas sus enseñanzas para la juventud. Y lo más significativo es que en Francia no gozó de mejor ambiente, a causa de haberse visto como «filosofía oficial» su enseñanza.[56]

---

[53] Zea, op. cit., p. 37.

[54] Vitier, op. cit., p. 211.

[55] *La polémica filosófica*, (La Habana, 1948), IV.

[56] Vitier, op. cit., p. 219.

Existen pocas posibilidades de que Martí haya conocido la doctrina krausista a través de sus maestros, como herencia intelectual de Luz y Caballero, y poco probable de que recibiera influencia en Cuba por otras vías. Salió de la Isla a muy corta edad, sin haber asistido a la Universidad, y resulta difícil que haya conocido la doctrina por lectura directa, dada la situación política de la Isla y sus vicisitudes personales durante la época del apogeo del krausismo en España que va de 1866 a 1874. Medardo Vitier reconoce la escasa influencia de esta doctrina en general:

> No tengo noticia segura de que haya habido verdadero movimiento krausista en Cuba. Es de suponerse que entre los cubanos ilustrados que viajaban o que vivían al tanto de las novedades europeas, hubo algunos lectores de Sanz del Río. Pero el krausismo como corriente de ideas o movimiento de importancia siquiera limitado a un grupo de seguidores, no existió, a no ser en la universidad por los años en que era catedrático de filosofía el Dr. Teófilo Martínez Escobar.[57]

Aunque todo lo que se ha observado en Martí es una coincidencia con la doctrina krausista, pues inclusive fue rechazado ideológicamente por él personalmente, es importante destacar las características de esta doctrina, para dejar establecido los puntos de contactos con el pensamiento martiano. Juan López Morillas, en su obra sobre el krausismo español le niega toda originalidad a la doctrina y declara que en su sustancia se parecía mucho a otras vigentes en la época, principalmente en Francia. «Pero en la entraña misma del sistema palpita, además un impulso reformador y humanitario, que se traduce en un programa de acción semejante en lo sustancial al que, también por aquel entonces, se expresaba en la filosofía social propugnada por hombres como Fourier y Saint-Simon».[58]

Pierre Jobit en su obra clásica sobre los krausistas, explica que se trata de una mezcla de filosofía y de reformadores religio-

---

[57] Ibid, p. 224.

[58] *El krausismo español* (México, 1956), p. 18.

sos y sociales, cuando concluye que «Au terme de ce long voyage, entrepris en sa compagnie, le Krausisme nous apparait donc à la fois comme une philosophie et comme une sorte de réforme religieuse et sociale».[59]

Para José A. Béguez su desarrollo posterior también carece de consistencia, pues en definitiva se diluyó en otras doctrinas de la época, especialmente positivistas; «Filosóficamente en su conjunto como dice Ingenieros, el movimiento Krausista se transformó en una de tantas manifestaciones del liberalismo positivista, sucesivamente representado por Comte en Francia, Spencer en Inglaterra, Ardigo en Italia, Ostwald en Alemania».[60]

El krausismo español parece unido desde el principio a todo lo francés, y especialmente a las corrientes religiosas-humanitarias originadas en Francia durante la primera mitad del siglo XIX. El posible entendimiento entre el pensamiento español y la filosofía alemana de Krause fue más superficial que profundo. Como señala López Morillas, ya desde los románticos alemanes el motivo principal de la relación era el mutuo odio a lo francés que dominaba ideológicamente ambas culturas. «Mucho tiempo hubo de transcurrir para que se comprendiera que la hispanofilia, como asimismo anglofilia, de los románticos alemanes eran hasta cierto punto accidentales, simples escaramuzas en la campaña general para librar a la cultura alemana de la influencia francesa».[61]

En España la situación era todavía más crítica pues poco o nada se conocía de otras culturas que no fuera la francesa, y si algo se filtraba de Alemania, resultaba siempre mediante una traducción francesa: «Hasta principios del siglo XX fueron contadísimos los intelectuales españoles que conocieron bien el alemán. Sucedía, pues, que lo que los alumnos de la Universidad Central conocían de la filosofía alemana se limitaba a los datos recogidos

---

[59] *Les Krausistas* (París, 1936). I, p. 277.

[60] Béguez, op. cit., p. 37.

[61] López Morillas, op. cit., p. 87.

en clase o a algún comento que, de segunda mano les aportaba alguna publicación francesa».[62]

Por otra parte, López Morillas explica que el propio propugnador del krausismo en España, Sanz del Río, poco conocía de filosofía y menos de filosofía alemana. Opina que su bagaje filosófico era limitado y bastante influido, otra vez, por las corrientes francesas. «De los idealistas postkantianos quizá no tuviera otros informes que los que opaca y torcidamente se perciben en el eclecticismo de Victor Cousin-y en el espiritualismo de Royer-Collard».[63] Dicho sea de paso, su formación idealista francesa se parece bastante a la de José de la Luz y Caballero.

Ideología confusa desde sus orígenes no tiene mejor suerte en la interpretación que los discípulos de Sanz del Río hacen de la misma. Este trata de estructurar una doctrina, que se aparta bastante de la original de Krause, y según López Morillas bien poco entendieron de ella aquellos que pretendían seguirla y escasos los que llegaron a penetrar el pensamiento de Sanz del Río. «Entre las numerosas anomalías que exhibe el krausismo español —y todo él fue, en rigor, una estupenda anomalía—, la más sorprendente es el hecho de que fueron contadísimos los discípulos de Sanz del Río que llegaron a penetrar auténticamente en el pensamiento del maestro».[64]

Por estas razones parece limitado y quizás falta de originalidad la posible influencia del krausismo en la propia España. Esta doctrina que Sanz del Río trata de introducir y de oponer a todo lo francés, que era preponderante, tropieza con valladares afincados en la importancia del movimiento Romántico francés, que tiene raíces tanto en Alemania como en la propia España. Así lo explica López Morillas: «Por desgracia, sin embargo, ese llamamiento a la defensa de la integridad cultural no llega a oídos de la mayoría de los literatos y críticos españoles durante casi medio siglo. El clasicismo francés es, por fin, exterminado de la

---

[62] Ibid., ps. 88-89.

[63] Ibid., p. 21.

[64] Ibid., ps. 50-51.

península, mas no por el genio peninsular, ejercitado en el estudio y justiprecio de sus creaciones vernáculas, sino por el romanticismo...francés».[65]

Además del influjo francés, se ha señalado, también, la importancia de-las ideas religiosas en el Krausismo español. Jobit dedica un capítulo de su obra a este planteamiento y, llega a la conclusión de que «le Krausisme est presque un nouveau message, sur la valeur duquel nous n'avons pas à nous prononcer. Il est bien loin d'être une nouvelle formule du Thomisme, ou, tout simplement, de la Philosophie chrétienne commune».[66]

Enraizado en un idealismo filosófico, el krausismo se desenvuelve como una especie de religión liberal, que en ciertos momentos iba a tener conflictos con la iglesia católica oficial de España. Su coincidencia también en este aspecto con lo francés resulta evidente, dada la importancia de nuevos movimientos de grupos de católicos disidentes en Francia, especialmente a partir de 1848, fecha del proceso revolucionario más importante de esa época.

Una figura destacada de estos movimientos católicos franceses fue el Conde Charles de Montalembert, discípulo predilecto de Lamennais y colaborador de Lacordaire, quien en esa época proseguía una campaña a favor de *la Iglesia Libre en el estado libre*. En 1863 concurrió al Congreso de Malinas, para discutir su disidencia de la jerarquía tradicional católica, y en el mismo proclamó que «las ambiciones teocráticas del ultramontanismo eran, vistas desde la altura del siglo XIX, no solamente utópicas, sino contraproducentes, destinadas como estaban irremediablemente a atraer sobre la Iglesia la malquerencia de los demócratas exaltados».[67]

Dentro del movimiento krausista español, la figura de Fernando de Castro se distingue como la del católico disidente de la iglesia oficial. Era antiguo amigo y leal colaborador de Sanz del Río, estudioso del racionalismo armónico y partidario de la filosofía krausista de la historia, y además fue el portador de las aspi-

---

[65] Ibid., p. 108.
[66] Jobit, op. cit., p. 209.
[67] López Morillas, op. cit., p. 147.

raciones de un grupo de intelectuales que creían hacedera la concordia entre la Iglesia católica y el espíritu del siglo. Finalmente esta misma doctrina de la *Iglesia libre en el estado libre*, que había defendido Montalembert, llevó a un grupo de católicos radicales a su ruptura con Roma. De ellos dice López Morillas: «En este segundo grupo cabe contar a la mayoría de los krausistas y a no pocos literatos, políticos y hombres de ciencia que sentaron plaza en las huestes del liberalismo avanzado».[68]

A la llegada de Martí a España, ya el krausismo español estaba matizado con esta nueva orientación, que en su espíritu e influencias arrancaba de corrientes similares francesas. López Morillas señala como la intelectualidad española se inclina por esta doctrina: «Y en efecto, a partir de 1870 una parte de la intelectualidad española se desplaza paulatinamente hacia una forma de "cristianismo racional", o "religión natural"».[69]

Debe aclararse que ya mucho antes la intelectualidad española estaba permeada de este impulso. Especialmente por la lectura de las obras de Lamennais que fueron profusamente traducidas en España,[70] entre las que se cuenta una de Mariano José de Larra, de las *Paroles d'un Croyant*, bajo el título *El dogma de los hombres libres*, en 1836.[71] Su influencia en los escritores españoles del siglo XIX ha sido indicada por el profesor Enrique Tierno Galván, en su libro *Tradición y Modernismo*.[72] Este crítico ve tanto en Lamennais como en el llamado Modernismo religioso, posibles fuentes ideológicas desde Galdós hasta Unamuno en forma ininterrumpida.

Francisco Giner de los Ríos intentó explicar ciertas diferencias entre las dos interpretaciones religiosas de los krausistas, aunque ambas reconocen la necesidad de un vínculo real entre

---

[68] Ibid., p. 159.

[69] Ibid., p. 160.

[70] Antonio Palau Dulcet, *Manual del librero* (Barcelona, 1954), p. 352.

[71] M. Repullés, 1836.

[72] (Madrid, 1963), at. al.

Dios y el hombre, declarándolo puramente natural y racional y rechazando todo elemento dogmático, todo misterio, toda revelación y todo milagro. La diferencia está en que «la existencia y providencia de Dios y la inmortalidad del alma son quizá los únicos principios comunes a toda esta dirección, que en Francia y América reviste un carácter esencialmente sentimental y moral, e intelectual por excelencia en Alemania, donde Dios es tan solo el *Ser absoluto*, no el *Dios vivo*, y la religión se absorbe casi por completo en la metafísica».[73]

López Morillas comenta cómo, en definitiva, ambas tendencias, la intelectual y la sentimental, encuentran partidarios entre los discípulos españoles de Krause. En cierto modo se dividieron en dos grupos, pero realmente no fueron grandes las diferencias que este problema religioso presentó doctrinariamente: «Las únicas diferencias que, en materia religiosa, se perciben entre los krausistas españoles son, si bien se mira, relativas, es decir, nacen de la posición que cada uno de ellos se atribuye en ese progreso hacia la religión de la humanidad».[74]

En resumen, parece poco probable que Martí conociera el krausismo eh Cuba, bien directamente o a través de sus maestros. La versión española que conoce en España, por otro lado, no resulta una doctrina original y está profundamente integrada con las influencias religioso-sociales y de carácter humanitario originadas en la Francia de la época. Las coincidencias de estas doctrinas con la formación intelectual de Martí resultan lógicas, y deben ser analizadas dentro del Romanticismo.

El Romanticismo

Como se ha mencionado antes, la influencia romántica en Martí no ha sido enfocada correctamente. No existe ningún estudio concreto sobre la materia y sólo referencias críticas sobre el tono, actitud, expresión, etc., románticos en Martí, que se observa en algunos

---

[73] López Morillas, op. cit., p. 160.
[74] Ibid., p. 161.

trabajos específicos o en el conjunto de su obra. Generalmente se ha tratado de apartar a Martí del Romanticismo español o de las figuras más destacadas de esa tendencia en España o en América. Por ejemplo, Marinello se coloca en esa posición dubitativa en la que, no obstante reconocer un tono romántico en Martí, intenta al mismo tiempo separarlo de los románticos tradicionales:

> La cuestión se acompleja más cuando se enfrenta a Martí con los románticos americanos retrasados, tan numerosos en su tiempo. En verdad mil cosas lo distancian. Lo primero, que tales románticos estaban prendidos al seguimiento de una escuela vencida, cosa que no ocurría en Martí. Nuestro escritor, como se ha visto y probado, miraba hacia todas las corrientes y las expresaba por vías privativas. Que abrevó en las aguas románticas es evidente: su devoción central por Víctor Hugo es prueba plena; pero nunca se enroló en las escuadras en retirada. Su actitud ante el Romanticismo, como corriente literaria, fue a un tiempo adhesiva y crítica.[75]

Parece que se trata de la confusión común entre los críticos que sólo ven en el Romanticismo una actitud tradicionalista, de vuelta o retorno al pasado, y no se dan cuenta del tremendo aliento renovador que en otro aspecto traía el movimiento romántico. Este aspecto es con frecuencia olvidado, y constituye la esencia del Romanticismo Social, tal como lo explica Roger Picard en su obra ya citada:

> El tema del genio-maldición, que se habían trasmitido los poetas, de Chatterton a Baudelaire, fue sustituido por los románticos por el del genio conductor de hombres, creador de orden y de unidad espiritual. La época de la poesía doliente ha terminado; la fuerza es el mérito y la gloria del poeta; el pesimismo de los comienzos del romanticismo queda reemplazado por la fe en el porvenir y la pasión del progreso, y hacia éste ha de tender desde entonces el entusiasmo de los líricos, desde los más grandes hasta los más humildes.[76]

---

[75] *José Martí, escritor americano, Martí y el Modernismo* (La Habana, 1952 ps. 194-195.

[76] *El Romanticismo Social* (México 1947), p. 61.

La actitud renovadora de Martí ha sido analizada en lo estilístico, básicamente para demostrar la indiscutible influencia que tuvo en ciertas figuras del Movimiento Modernista, del cual con justicia es considerado un iniciador. Nadie hasta la fecha se ha preocupado por indagar esa dimensión hacia el futuro en lo que respecta a su pensamiento, sobre todo en sus afinidades con el movimiento Romántico-Social francés. Sólo se han hecho referencias a la identificación de Martí con la ideología de la Revolución Francesa y con cierto romanticismo liberal, no explicado. Casi todos los críticos mencionan contactos vagos de autores franceses con Martí, más que nada en cuanto al estilo, y en lo ideológico se ha indicado a Víctor Hugo y a Lamartine, pero sin aportarse pruebas de clase alguna en cuanto a las afinidades.

Aunque no existe información precisa de las lecturas de Martí o de su biblioteca, hemos visto que su aprendizaje escolar incluyó una formación intelectual y política derivada de fuentes liberales francesas. No hay duda que lo que se conoce como Romanticismo Social cobra, como hemos señalado anteriormente, extraordinaria importancia a partir de 1830, y ya se ha hecho referencia a la copiosa propagación de las obras de Lamennais en España, quien igualmente fue bien conocido en América. Los críticos señalan su influencia en otros escritores franceses del período, como Hugo, Lamartine. Beranger y Sand, y en religiosos convertidos en combatientes sociales como Lacordaire y Montalembert.[77]

Las posibilidades de que José de la Luz y Caballero, Mendive, Martí y otros muchos en Cuba leyeran a Lamennais son grandes. Era muy conocido en Francia en la época que Luz y Caballero visitó París por última vez en 1844, y su influencia se dejó sentir en Alemania, Bélgica, Italia, Inglaterra y naturalmente España. Willian G. Roe la considera la figura más relevante del siglo XIX: «This combination of politics, poetry and religion, and of different approaches to religion on one personality, makes him

---

[77] Claude Carcopino, *Las doctrinas sociales de Lamennais* (Ginebra, 1968), p. 207.

more representative of the many conflict forces of his century than any other single person».[78] En Latinoamérica se ha estudiado su influencia en el Río de la Plata, directamente desde Francia o través de España. Sabemos que en Chile también Lamennais tuvo discípulos, entre los que se destaca Francisco Bilbao.[79]

Es verdad que Martí no hizo referencias concretas a Lamennais pero tal cosa no es extraña en el escritor cubano, quien nunca hacía cita de autores aunque seguramente algunos influyeron en su pensamiento o estilo. Pero es indudable que además de la inspiración que sospechamos recibió de sus maestros temprano en su vida, Lamennais sigue interesando a Martí posteriormente, lo que se comprueba por una cita que aparece en uno de sus últimos «Cuadernos de apuntes», y que demuestra la lectura por Martí de la obra conocidísima del escritor del escritor francés titulada *Le livre du peuple*.[80]

La cita prueba, además del hecho de la lectura, la identificación de Martí con las ideas de Lamennais, exhibida por la alta estimación que le profesa al emitir un juicio muy loable de su obra, que dice así «...de esos insolentes Goncourt, miniaturistas enfermizos, gente de té y pantuflas, que han osado llamar a Lamennais "rien qu'un flagorneur de haines", a Lamennais que con una sola frase había superado de antemano la obra toda de los Goncourt, —con esta frase:— *"La verdadera sociedad no es en su esencia, ni debe ser de hecho, más que la organización de la fraternidad"*».[81]

Le livre du peuple contiene la esencia del pensamiento de Lamennais en materia social, el cual responde en su estructura a

---

[78] *Lamennais and England: The reception of Lamennais religious ideas in England in the nineteenth century* (London, 1966), p. 1.

[79] *El romanticismo social*, (México, 1947) p. 49.

[80] (París, 1937), bajo el título *Le livre du peuple*.

[81] Martí, op. cit., XXI, ps. 429-430. Véase también Lamennais, *Le livre du peuple*. (París, 1937), cuando dice: «... la vraie société, fondés fondée sur l'égalité naturelle, n'est para son essence et ne doit être de fait que le organisation de la fraternité».

numerosos planteamientos filosóficos que el escritor francés discute en otra obras más extensas y detalladas como *Essai sur l'indifférence en matiére du religion*[82] *Esquisse d'une Philosophie* [83] los cuales, si queremos, podemos suponer que también los leyó o examinó Martí durante su vida.

Fernando de los Ríos ya desde 1935, en carta que le dirige a Félix Lizaso felicitándolo por un trabajo sobre Martí, se refiere al defecto que él observa sobre su estudio ideológico del escritor cubano, y el cual pensamos puede aplicarse a todos los demás publicados hasta la fecha:

> Es lástima que una vez puesto a trabajar ese tema no se haya usted lanzado plenamente a un análisis de las fuentes del pensamiento filosófico de Martí, un examen documental de los elementos filosóficos que de una manera más notoria haya podido contribuir a la formación de su pensamiento, y luego de haber terminado esa labor interesantísima analizar el pensamiento en sí de Martí para poder discernir lo que en él existe de originalidad.[84]

Según la opinión de Emilio Carilla, es indudable que los románticos hispanoamericanos se inspiraron en fuentes bastante limitadas, el declarar que «la expansión doctrinaria del romanticismo se hizo en la América Hispánica a través de un no muy variado repertorio de ideas o través de teorizantes franceses (y de alemanes a través de Francia), Augusto Guillermo Schlegel, Mm. de Stáel, Víctor Hugo, Lamennais, Herder...figuran entre los más visibles».[85] Resulta evidente que en el afán de demostrar el alejamiento de Martí de los románticos tradicionales españoles, se ha descuidado la investigación del antecedente «romántico social» francés.

---

[82] (París 1836-1837).

[83] (París, 1849).

[84] Mencionado por Medardo Vitier en su obra *Las ideas y la filosofía en Cuba* (Habana, 1970), p. 181.

[85] Celina E.C. de Carilla, *Lamennais y el Río de la Plata*, (Tucumán, Argentina, 1950), et. al.

Sinceramente creemos que por sus lecturas, su aprendizaje escolar que incluyó una formación intelectual y política derivada de la Revolución francesa y de autores franceses, muchos de ellos traducidos al español, y por simpatía confesada, las fuentes ideológicas de Martí hay que encontrarlas en Francia. El profesor Manuel Pedro González, uno de los estudiosos de Martí que con más intuición ha señalado aspectos ignorados de la obra martiana, ha dicho:

> La influencia de la literatura y del pensamiento franceses en Martí se me antoja mucho más intensa de lo que hasta ahora han concedido los comentaristas. Es probable que contribuyan más que la anglosajona a la formación de su gusto literario. Su íntimo contacto con la cultura francesa antecedió al que en la década del ochenta establecerá la inglesa y norteamericana. Es a través de Martí por donde penetra en el mundo hispanoamericano ciertas variantes estilísticas galas y ciertas influencias, mucho antes que Darío, Nájera o ninguno de los otros epígonos modernistas las descubrieran.[86]

Puestos en el camino de lo francés y para orientarnos convenientemente creemos indispensable considerar también el aspecto religioso como factor importante en las fuentes ideológicas influyentes en Martí. No hay duda de que el pensamiento cubano, anterior a Martí, que se inicia con el padre José Agustín Caballero, sigue con el presbítero Félix Valera, y continúa a través de José de la Luz y Caballero, hasta llegar al maestro de Martí, Rafael María Mendive, tiene un marcado acento religioso. Medardo Vitier ha señalado acertadamente esta línea continua en el pensamiento cubano, y la presencia de lo religioso en Luz y Caballero, que sin duda sirvió de guía espiritual al joven Martí:

> La religión no perderá en él sus notas trascendentales; las ciencias particulares desviarán su doctrina de todo cauce metafísico, al menos como cosa a priori, la filosofía así influida por esos fac-

---

[86] Manuel Pedro González, *Notas críticas*. (La Habana, 1969), p. 96.

tores tan dispares, lo religioso y lo científico, se inclinará resueltamente hacia el método inductivo, desechando toda construcción mental que no cuente con la base positiva de lo demostrable, pero dejando salvo como fuga del espíritu, la fe de un mundo supersensible. Tal es, en lo esencial, D. José de la Luz. En vano se le buscará otra explicación a su doctrina.[87]

Todo lo anterior, es decir lo francés y lo religioso, nos lleva de la mano precisamente a lo que se conoce como el Romanticismo Social. El profesor Roger Picard, a quien ya nos hemos referido antes, en su obra *El Romanticismo Social* ha señalado concretamente los límites de este movimiento ideológico francés, que combina un sentimiento profundamente cristiano y una preocupación por la realidad material existente en la sociedad. No hay duda que durante los años que van desde 1815 a 1848, aproximadamente, se desarrolló una actividad extraordinaria entre los filósofos, pensadores, literatos y políticos franceses, sobre todo durante el período comprendido entre los movimientos revolucionarios de 1830 y 1848, que caracteriza lo que luego se conoce como el Romanticismo Social.

Si tuviera que hacerse una síntesis de este período en materia ideológica, habría que señalar una preocupación preponderante de los problemas sociales, y una búsqueda religiosa que explicara a la vez, la satisfacción de las necesidades espirituales y materiales del hombre. De ahí las nuevas «religiones» que surgen en este período. Para nosotros es claro que Martí es hijo de esta época en que lo religioso, lo social y lo político quedaba mezclado con lo ideológico o filosófico. El trabajo consiste en encontrar sus fuentes dentro de un período tan complejo y lleno de diferentes doctrinas que responden a objetivos similares.

Limitados a lo romántico francés y siguiendo la recomendación de don Fernando de los Ríos, que mencionamos antes, vamos a intentar hacer un examen documental de los elementos filosóficos que de una manera más notoria hayan podido contri-

---

[87] Medardo Vitier, op. cit., p. 211.

buir a la formación de su pensamiento. Creemos que la ideología de Martí tiene un contenido esencialmente cristiano secular, muy al estilo de lo que Roger Picard observa en los «románticos sociales», en los que el sentimiento de piedad preside la crítica de los males sociales, cuando expresa: «El sentimiento fundamental que suscita y desarrolla esta crítica es la piedad, que se expande en La Mennais, en quien se confunden la generosidad romántica, la fraternidad social y la caridad religiosa».[88]

En nuestra opinión la ideología de Martí está impregnada de los principios religiosos y sociales del Romanticismo Social, y especialmente de los de Lamennais, más que en ningún otro pensador de la época. Y, con el propósito de aportar lo que creemos es una evidencia del posible acercamiento del joven Martí a Lamennais vamos, en la sección que sigue, a detallar las afinidades y coincidencias que existen entre la primera obra martiana importante, publicada en 1871 bajo el título *El presidio político en Cuba* y otra similar de Lamennais, titulada *Une voix de prison*. En nuestra exposición haremos referencia a cada una de las distintas áreas en que Martí y Lamennais mantienen semejanzas tanto temáticas como estilísticas.

Y, una vez establecida la coincidencia, vamos a continuar nuestro estudio, utilizando los principios ideológicos en que se basa la doctrina romántico social de Lamennais como «el hilo conductor» que nos llevará a una mejor comprensión de los pensamientos de Martí tal como los expresó en las crónicas sobre los Estados Unidos. Este método de trabajo nos va facilitar el ordenar las ideas de Martí, tan diseminadas en infinidad de artículos, y coordinarlas dentro de un sistema esquemático que contenga la armonía necesaria para ser aceptable.

---

[88] *El romanticismo social*, (México 1947), p. 49.

SECCIÓN II

Afinidades y coincidencias del joven José Martí con el Romanticismo Social de F. R. Lamennais

De la exposición que antecede sobre la formación intelectual de José Martí es posible deducir que el escritor cubano configuró su ideología durante su juventud en Cuba, la cual seguramente solidificó en España. Y también se puede colegir, que es nuestro criterio, un posible conocimiento de F. R. Lamennais y el Romanticismo Social a través de las enseñanzas que recibió temprano en su vida de sus maestros y mentores en Cuba. A continuación vamos a intentar acreditar nuestra posición haciendo un breve examen de la misma y presentar evidencia concreta con respecto a la que sospechamos es la raíz de su ideología.

José Martí desde muy joven mostró su carácter fuerte y al mismo tiempo compasivo por medio de su oposición al régimen español en Cuba y en 1869, cuando tenía sólo 16 años, recibió una condena de 6 años de trabajos forzados por sus actividades políticas (respaldaba una guerra que iniciaron rebeldes cubanos en 1868 y criticaba la esclavitud existente en la isla) que el gobierno español consideró delictivas. Por ser tan joven el gobierno español, después de seis meses de castigo, redujo su condena y más tarde fue forzadamente deportado a España en 1970.

Ya en España, publicó en 1871 un pequeño libro bajo el título *El presidio político en Cuba,* (probablemente redactado en Cuba y perfeccionado en España), y que ya hemos mencionado antes, en el que expuso lo monstruoso de las cárceles en Cuba y lo tiránico del gobierno de España en la Isla, seguramente con el objetivo de despertar simpatía en el pueblo español hacia los cubanos que aspiraban a su independencia de lo que él consideraba el yugo de una nación opresora. Debemos destacar que esta obra de Martí, aunque quizá no de tanta calidad como otras publicadas posteriormente refleja, en opinión de sus críticos más respetables, las características básicas de su estilo y de los principios ideológicos que se pueden identificar en el resto de su producción literaria en prosa.

Sin duda el libro ha merecido debida atención especialmente desde el punto de vista literario/estilístico por parte de algunos estudiosos. Isis Molina de Galindo escribió una tesis doctoral titulada «La modalidad impresionista en la obra de José Martí»[89] y el artículo «El presidio político en Cuba de José Martí: intento de un análisis estilístico»[90] pero sin hacer referencia alguna a influencias ideológicas. Con respecto a los posibles indicios de la ideología martiana en el pequeño libro de Martí, algunos señalan su identificación con varias tendencias, como lo hace Andrés Iduarte en una cita que incluimos en nuestro análisis que antecede sobre la formación intelectual de Martí, en la cual expresa: «Desde "El Presidio Político" se ve en Martí un "transcendentalismo vago" muy parecido a los krausistas. Hubiera bastado el ansia cubana de revisión política de Martí para aproximarlo a los rebeldes en filosofía y enseñanza; pero a ella se agregaron la formación afín que trae de Cuba y su convivencia con los krausistas en la escuela y en la calle».[91]

En nuestro examen del krausismo incluido en la sección que titulamos «formación intelectual de Martí» pusimos en claro que dicha doctrina no tuvo seguidores en Cuba y tampoco fue posible que influyera en Martí a su llegada a España en 1871 por las razones que dejamos expuestas al discutir el conocimiento de las mismas en esa nación. Además, resulta obvio que Andrés Iduarte se limita, como muchos otros estudiosos de la ideología de Martí, a expresar sus opiniones sin aportar pruebas concretas que sostengan su comentario supuestamente creíble.

Tal como ya hemos declarado antes, la mayoría de los estudiosos de la ideología de Martí identifican un variado número

---

[89] Los Angeles, Tesis doctoral UCLA, 1966.

[90] Anuario Martiano (Habana, 1969) I, p. 34.

[91] Martí Escritor (México, 1944), p. 312.

de posibilidades y, en ningún caso logran presentar evidencia que pruebe las alegadas influencias. Como hemos expresado en varias ocasiones, nosotros estamos convencidos de que el pensador francés Felicite R. Lamennais fue una influencia decisiva en Martí y para confirmar nuestra tesis en la forma más verosímil posible, a continuación vamos a examinar detalladamente, las afinidades o coincidencias entre un trabajo publicado por Lamennais en 1843, bajo el título *Une Voix de prison*[92] y el primer libro de Martí *El presidio político en Cuba, de 1871*.[93]

Sin duda la posible lectura de una obra como *Une voix de prison* de Lamennais, que suponemos Martí tuvo que hacer antes de los 18 años, edad en que escribió su primer mencionado libro, necesariamente impresionaría a un joven de superior sensibilidad como lo era el escritor cubano. Esta lectura explicaría la semejanza que señalaremos en ambas obras, por otra parte tan ajustadas a una situación personal de suma importancia, como lo fue el hecho de la prisión que ambos escritores sufrieron durante sus vidas por razones políticas similares.

Para exponer en forma detallada, el contenido temático y estilístico de las dos obras, vamos a compararlas entre sí en cada uno de los aspectos, que a nuestro juicio, destacan la similitud de ambas. Nuestro objetivo será encontrar el vocabulario y el significado de las ideas comunes que identifican a los escritores mencionados en sus dos obras objeto de nuestro análisis. No debemos desestimar la importancia de esos detalles significativos, los cuales muchos estudiosos han reconocido como característicos y persistentes en toda la obra en prosa del escritor cubano.

Título, circunstancias y tono de ambos libros

Es obvia la semejanza en el título de ambas obras, la de Lamennais *Une voix de prison*, y la de Martí *El presidio político en Cuba*. Las dos contienen una protesta contra las autoridades de la

---

[92] Felicité Robert Lamennais (París, 1954).

[93] José Martí. *Obras completas* (Habana, 1946) I, ps. 9-34.

época después de haber sufrido los autores prisión política, Lamennais por un año en 1841, y Martí por seis meses en 1869, como castigo por sus críticas a los gobiernos de sus respectivos países.

Aunque la voz que se alza en ambos casos es política, las dos obras contienen una reafirmación de la fe religiosa de los escritores, en una combinación que fue una característica de muchos movimientos independentista de esa época en Francia y por derivación en América. El narrador en Lamennais adopta una posición de profeta en una apelación directa a Dios y una promesa de combatir por su justicia hasta el final de su existencia: «J'irai, Seigneur, ou vous voudrez que j'aille: ce que vous ordonnerez, je l'accomplirai; je combattrai pour votre justice tant qu'un souffle me restera».[94]

Martí también asume la misma posición profética, al reafirmar la existencia de Dios y proclamar su misión como representante divino. Ante Dios condena la indiferencia del gobierno español al cual se propone combatir y en su nombre establecer la Justicia Eterna: «Dios existe, y yo vengo en su nombre a romper en las almas españolas el vaso frío que encierra en ellas la lágrima. Dios existe, y si me hacéis alejar de aquí sin arrancar de vosotros la cobarde, la malaventurada indiferencia, dejadme que os desprecie, ya que no puedo odiar a nadie; dejadme que os compadezca en nombre de mi Dios».[95]

Existe coincidencia en los críticos al encontrar inspiración bíblica en los dos escritores. Con respecto a Lamennais el profesor Le Hir, de la Facultad de Letras de la Universidad de Grenoble, en su edición de *Une voix de prison* publicada en 1954, aclara que este trabajo fue separado por Lamennais de su obra más extensa titulada *Amschaspands,* precisamente por su tono bíblico diferente: «C'est que l'inspiration biblique qui anime la

---

[94] Lamennais, op. cit. p. 27. Todas las notas posteriores correspondientes a este texto serán identificadas mencionando la página dentro de paréntesis.

[95] Martí, op. cit., p. 9. Todas las notas posteriores correspondientes a este texto serán identificadas mencionando la página dentro de paréntesis.

Voix de prison n'est pas du tout en harmonie avec la mythologie persane».[96]

Con relación a Martí se ha señalado también, el tono bíblico de su primera obra. El profesor González ve en ella la primera manifestación de su prosa vigorosa, afirmando que su estilo es «de procedencia bíblica: hay sentencias largas cuyo ritmo aumenta de intensidad al tenor de la emoción, y cláusulas cortas que un mínimo de vocablos subrayan y rematan el pensamiento».[97] Algunos críticos han añadido la presencia de un tono personal en ambos escritores. La señora de Galindo ve a Martí aflorando literariamente en el *Presidio político,* «Es la obra de un adolescente que apenas comenzaba a estudiar humanidades. A esta luz debe considerarse este testimonio de aquel niño que la refrenda y de la otra da fe irrecusable de su genio literario.»[98] El profesor Le Hir observa una gran calidad de estilo en el uso personal de las fuentes bíblicas por Lamennais: «Que penser enfin de son art? Ces pages sont parmi des plus travaillées qu'ait écrites Lamennais. Certes, il a recouru aux prestiges des écrivains bibliques; mais son tempérament personnel l'emporte dans l'utilisation de ses sources' étrangères, comme le Barzas Breiz, ou françaises».[99]

Además, aún en lo personal, son coincidentes ambos escritores en cuanto al tono general poético, elegíaco, profético o mesiánico de sus obras. De nuevo, el profesor Le Hir se refiere a la *Voix de prison* como «Prophétique, évangélique (surtout dans l'utilisation de la Parabole au chapitre XIII), lyrique, élégiaque. Il a recherché enfin passionnément une cadence poétique propre á bercer son rave. Nous avons ici vraiment une "somme" de l'art mennaisien et de sa pensée, expression de son âme crucifiée».[100] Sobre Martí, la señora Galindo se expresa en los mismos térmi-

---

[96] Lamennais, op. cit., p. 21.

[97] *Esquema ideológico* (México. 1961) p. 61.

[98] Op. cit., p. 34.

[99] Isis Molina de Galindo, Op. cit. p. 23.

[100] Lamennais, Op. cit., p. 23.

nos al considerar *El presidio político* como «un poema elegíaco en prosa».[101] o «un poema lírico en prosa»,[102] y agregando que «Martí tiene un saber de místico extrovertido que, mediante la sensación intuitiva, se comunica con lo eterno viendo todas las cosas transfiguradas».[103]

Como marco de lo poético, lírico y elegíaco, hay además un tono en los dos libros que se puede calificar de misterioso o espectral. Aunque no tenemos un análisis estilístico del trabajo de Lamennais en que apoyarnos críticamente, del examen de su obra es fácil deducir la presencia de este tono. Más adelante haremos una comparación más detallada, pero sirvan de anticipo las siguientes frases tomadas de la obra de Lamennais: «Qu'ils les voient errer autour d'eux comme de *pâles fantômes,* comme des *ombres livides»* (V-28), «á l'Orient *mystérieux,* là d'où s'épanche la vie» (V-28), «des voix *mystérieuses,* épandues au loin» (V-32), «des régions lointaines, *mystérieuses,* par un secret instinct et une force inconnue» (V-60), «une forcé *mystérieuse* nous attire en de plus doux climats» (V-70) (subrayado nuestro). En su análisis estilístico del *Presidio político,* la señora Galindo se refiere a lo mismo cuando dice que «deja en el lector una sensación de augurio y de misterio».[104] «El poema elegíaco que canta el dolor de la vida en el presidio se abre con un desfile visionario y espectral de la acción misma».[105] «De inmediato se percibe el tono de lo fantástico».[106]

Estructura temática

En el estudio que la señora Galindo hizo sobre el *Presidio político* observó que hay una división de la obra en secciones, que ella

---

[101] Galindo, Op. cit., p. 34.
[102] Ibid., p. 38.
[103] Ibid., p. 55.
[104] Ibid., p. 40.
[105] Ibid., p. 42.
[106] Ibid., p. 43.

denominó Cantos, y que suman en total doce, También en la *Voix de prison* de Lamennais existe una división en veintitrés capítulos, que tratan cada uno de asuntos diferentes, pero que responden, como en Martí, a una temática dominante. No existe correspondencia en el contenido de cada capítulo o Canto, pues la obra de Martí se limitó casi exclusivamente a la prisión política y no a otros problemas sociales que contiene la obra de Lamennais.

Ahora bien, existe a nuestro juicio correspondencia estructural en la presentación de los temas fundamentales en las dos obras, y similitud en la exposición de los mismos. Por ejemplo, en ambas el capítulo o Canto primero incluyen una invocación a Dios y la colocación del escritor o el poeta en el plano de profeta. En otros cantos, la obra de Martí incluye secciones dedicadas a los ministros prevaricadores de España, la justicia (o injusticia) política, seis distintos personajes de la prisión, una danza espectral y una apelación final.

Lamennais igualmente distribuye su obra temáticamente, refiriéndose por turno en capítulos que tituló «Le Juge prévaricateur», «Justice politique», varios personajes distintos como «Les Laboureurs», «Le Prolétaire», «Le Prisonnier», «Le Mendiant», «Les Pécheurs», una danza de muerto; «Le Son des Morts», más una apelación final. Esta apelación final estará apoyada en ambos escritores en la justicia de Dios, pues los dos confían en el imperio de la misma sobre la tierra. Por eso, tanto Martí como Lamennais predicen al final de sus obras un castigo divino que caerá sobre aquellos que se olvidan de oír la voz de Dios, en nombre de quien habla el profeta. Dice Lamennais al final de su libro:

> Ouvre les yeux, suscite en ton cœur une sincère repentance, et j'étendrai ma main, la main qui t'a frappé, et elle te relèvera, et tes oppresseurs á leur tour sentiront le poids de ma justice. (V-81)
>
> Insensés! et quand vous feriez aujourd'hui ce que la mort fera demain, auriez-vous donc vaincu? Le Bien est-ce un homme? Le Bien, c'est moi, dit le Seigneur Dieu. (V-83)

Martí, también hablando como profeta, advierte de los castigos de la justicia divina, y afirma que «El bien es Dios» (P-9), en forma semejante a Lamennais:

> En nombre de la compasión, en nombre de la honra, en nombre de Dios, detened la masa, detenedla, no sea que se vuelva hacia vosotros, y os arrastre con su hórrido peso. Detenedla, que va sembrando muchas lágrimas por la tierra, y las lágrimas de los mártires suben en vapores hasta el cielo, y se condensan; y si no la detenéis, el cielo se desplomará sobre vosotros. (p-33)

La coincidencia estructural externa que advertimos y hemos indicado, queda complementada con una elaboración interna sostenida por dos elementos temáticos fundamentales: la crítica de la justicia de los hombres en la tierra y la compasión que sienten ambos narradores por los oprimidos, por los débiles, por los que sufren, olvidándose de los propios dolores. Ambos temas corresponden a la dualidad materia-espíritu, mal-bien que es característica del pensamiento de los dos escritores y que funciona en dos niveles distintos. La justicia en la tierra está corrompida por haberse apartado los hombres de Dios, y por tanto, los jueces son pecadores o criminales y deben combatirse. Este primer aspecto temático cobra importancia en dos capítulos del libro de Lamennais, y contra el juez prevaricador dirige sus más agudos dardos:

> As-tu cru celer tes prévarications á Celui qui voit tout? Quand tu mentois solennellement, crois-tu que Dieu ne t'entendit pas? Crois-tu que son œil ne perçât pas le voile de ton hypocrisie détestable? Insensé le dernier de *ses* ministres te suivrait á l'odeur de crime qui s'exhale de toi, et tu as cru te cacher de lui dans la fange de ton âme. (V-58)

Martí igualmente, sostiene su argumentación dirigiéndose críticamente a los ministros españoles, a quienes hace responsables de la condición imperante en su patria Cuba, y en su nefasto presidio político:

> Y vosotros, los varones fuertes, los hombres de la legalidad y de la patria, la palabra encarnada del pueblo, la representación severa de la opinión y del país, gemid vuestra vergüenza, postraos de hinojos, lavad la mancha que oscurece vuestra frente, y *crece, y* se extiende, y os cubrirá el rostro y os desgarrará y os envenenará el corazón.
>
> Gemid, lavad, si no queréis que el oprobio sea vuestro recuerdo y la debilidad y el miedo y el escarnio vuestra triste y desconsoladora historia. (P-16)

Con respecto a esta injusticia de los hombres, debemos señalar que tanto Lamennais como Martí admiten la posibilidad de que exista un estado de cosas intolerable en un momento dado, pero ambos escritores están seguros de que el Bien se impondrá definitivamente sobre el Mal, ya que el primero es eterno. Así lo expresará Lamennais en su obra, y la libertad renacerá de los escombros:

> Le mal n'est qu'apparent, le côté obscur de l'amour, une face du bien, son ombre. (V-70)
>
> La patrie grande et forte relèvera sa tête humiliée: la lois régnera souverainement dans sa majesté inviolable, et la liberté fleurira sur les derniers débris d'institutions iniques. (V-46)

Martí pone en manos de los españoles de la época, representando a la patria, el ejercicio de la fuerza para recuperar la justicia perdida y la dignidad. Ellos sólo sufrirán si no lo hacen, pues el Bien de todas maneras reinará sobre la tierra, aún nacido del propio dolor:

> La honra puede ser mancillada.
>
> La justicia puede ser vendida.
>
> Todo puede ser desgarrado.
>
> Pero la noción del bien flota sobre todo y no naufraga jamás.
>
> Salvadla en vuestra tierra, si no queréis que en la historia de este mundo la primera que naufrague sea la vuestra.

> Salvadla, ya que aún podría ser nación aquella en que, perdidos todos los sentimientos, quedase al fin el sentimiento del dolor y el de la propia dignidad. (P-15)

El otro aspecto temático de coincidencia corresponde al orden de lo espiritual, indispensable en el hombre. En la compasión que sienten por otros, creemos ver los principios de orden espiritual que presiden la vida, para ambos escritores. El sentido religioso de estas obras está basado en una cuestión dogmática, que es la creencia en la existencia de Dios, quien rige el destino del mundo por representar el Bien Eterno que hemos apuntado. Este dogma se desarrollará a través de una moral, que es básicamente la Ley del amor o de la fraternidad cristiana y el Deber. Exteriormente corresponderá un culto manifestado por las virtudes propias de Jesucristo en su trayectoria hacia la cruz; es decir, obediencia, dolor, sacrificio, y la muerte como salvadora.

A través de la compasión por los que sufren se manifiestan todos los elementos que hemos señalado, y que corresponden a una estructura ideológica presente tanto en Martí como en Lamennais. No vamos a hacer una exposición completa de la cuestión en ambos escritores, sino limitarnos ahora a mostrar la coincidencia temática en las obras que estamos analizando. Lamennais se identifica plenamente con el sufrimiento de los labradores, de los obreros, de los prisioneros, y expresa su solidaridad de esta forma:

> Quand vous souffrez, je souffre avec vous; quand vous luttez, je lutte avec vous: il y a comme un souffle invisible qui passe de vous en moi, et de moi en vous. Qu'ils le saisissent s'ils peuvent! (V-43)

Para Martí el dolor y sufrimiento propio tiene categoría de placer: «Sufrir es más que gozar, es verdaderamente vivir» (P-16). Pero lo que le interesa es solidarizarse con el sufrimiento de los demás:

> Pero otros sufrían como yo, otros sufrían más que yo. Y yo no he venido aquí a cantar el poema íntimo de mis luchas y mis horas de Dios. Yo no soy aquí más que un grillo que no se rompe entre otros mil que no se han roto tampoco. Yo no soy aquí más que una gota de sangre caliente en un montón de sangre coagulada. (P-17)

El valor del sufrimiento es clave para entender la filosofía de Martí y de Lamennais, ya que el mismo conduce a la verdadera vida que es la espiritual, y eso es lo que interesa. No importa que cadenas aten y condenen al cuerpo, pues el espíritu está libre, y sabe que tiene recompensa en otros mundos. En la *Voix de prison* Lamennais nos habla de este contraste entre cadenas y libertad, que es la gloria en la vida futura.

> Ils ont enchaîné le corps, mais l'âme se rit d'eux, elle est libre! Parce que je t'aimais, ô ma patrie! parce que je te voulais grande, heureuse, ceux qui te trahissent m'ont jeté dans ce cachot. (V-42)
>
> Troupe glorieuse des forts, vous êtes là près de moi, et vous me dites: Entends-tu, frère, les vieux martyrs qui d'en haut nous appellent? Couronnés de splendeur, ils s'en vont, messagers divins, de sphère en sphère, chantant le cantique de l'avenir. (V-44)

Martí tiene conciencia del sacrificio que está haciendo y el que otros hacen, y aunque combate la crueldad, sabe que es necesaria para la obtención de la gloria eterna:

> Sufrir es morir para la torpe vida por nosotros creada, y nacer para la vida de lo bueno, única vida verdadera, (P-16)
>
> El orgullo con que agito estas cadenas, valdrá más que todas mis glorias futuras; que el que sufre por su patria y vive para Dios, en éste y otros mundos tiene verdadera gloria. (P-17)

El sufrimiento y el sacrificio que se manifiestan externamente, se sostienen por un principio moral en la idea del deber, que todo hombre tiene que realizar cuando le llega la hora, Este deber de hombre es superior a los lazos de la familia y a ellos tiene que renunciarse, cuando llega el momento de ser cumplido. En Lamennais la expresión de este deber viene con la madurez, cuando el hombre rompe con la dulzura de los años juveniles:

> Te souvient-il, ma sœur, de nos courses de matin sur l'herbe baignée de rosée, de nos jeux dans les bois, et des nids auxquels, presque en larmes, tu me défendais de toucher, á cause de la pauvre mère?
>
> Et après les rêves enchantés, les ardeurs, les tendresses, les enivrements du jeune âge, vinrent les sévères devoirs de l'homme, le grand, le saint combat où tomber c'est vaincre, où mourir c'est revivre. (V-43/44)

Es significativo que lo transcrito corresponde al capítulo en que Lamennais habla del prisionero. Martí que recoge en su obra sus experiencias del presidio que sufrió, nos habla también de su madre y de su hermana: «mi madre y mis hermanas elevaban al cielo su oración empapada en lágrimas por mi vida; mi espíritu se sentía enérgico y potente; yo esperaba con afán la hora en que volverían aquellos que habían de ser mis compañeros en el más rudo de los trabajos» (p-17). Comprende que la madurez ha llegado y acepta el deber de hombre en todas sus consecuencias, incluyendo la muerte. Al igual que en Lamennais, piensa que ésta sólo es un revivir espiritual:

> Mi patria me había arrancado de los brazos de mi madre y señalado un lugar en su banquete. Yo besé sus manos y las mojé con el llanto de mi orgullo, y ella partió, y me dejó abandonado a mí mismo. Volvió el día 5 severa, rodeó con una cadena mi pie, me vistió con ropa extraña, cortó mis cabellos y me alargó en la mano un corazón. Yo toqué mi pecho y lo hallé lleno; toqué mi cerebro y lo hallé firme; abrí los ojos, y los sentí soberbios, y rechacé altivo aquella vida que me daban y que rebosaba en mí.
>
> Mi patria me estrechó en sus brazos, y me besó en la frente, y partió de nuevo, señalándome con una mano el espacio y con la otra las canteras. Presidio, Dios: ideas para mí tan cercanas como el inmenso sufrimiento y el eterno bien, (P-16)

No hay duda que Martí apunta en el *Presidio político* toda la ideología humana, estoica y de mártir con que en definitiva forjó su existencia. Lamennais, quien llevó una existencia de sacrificio, también supo integrar los principios de su ideología a sus actividades vitales. Esta coincidencia que se da en los escritores sin duda confirma su afinidad no sólo intelectual, sino también que convierte a ambos en figuras afines de transcendencia espiritual.

Estilo: formas lingüísticas, vocabulario y expresión

Consideramos que el análisis estilístico del *Presidio político* que hizo la señora Galindo, recoge muchas de las variantes posibles, y de veras escudriña con acuciosidad las características del estilo martiano. Ya señalamos oportunamente lo del tono bíblico, poético, lírico, o elegíaco observado en Martí y también, por los críticos, en Lamennais. Ahora nos vamos a referir a otros elementos concretos que, en lo estilístico, pueden acercar aún más a ambos escritores, por su coincidencia.

Al igual que dijimos al referirnos a lo ideológico, nosotros vemos también una permanencia del estilo martiano en toda su obra. No obstante admitir que a través del tiempo lo pulió y lo mejoró, hay ciertos aspectos básicos que aparecen ya en el *Presidio político* y que podemos identificarlos en cualquier de sus innumerables escritos, sobre todo en sus abundantes crónicas, que recogen el grueso de su prosa. La combinación de oraciones largas y cortas, el uso de anáforas, paralelismos, polisíndenton paratáxicos, interrogaciones retóricas, cierto vocabulario, y la utilización de recursos para conseguir una expresión de tensión dramática, son algunos de esos elementos de permanencia.

Aun aceptando que su procedencia puede ser bíblica, como han señalado algunos críticos, nos interesa destacar la semejanza con los Procedimientos y el vocabulario utilizados por Lamennais en *Une voix de prison*:

Combinación de oraciones largas y cortas

Martí: César había vuelto al mundo, y se había repartido a pedazos en vuestros hombres con sus delirios de gloria y sus delirios de ambición. Los siglos pasaron. (P-14)

Lamennais: Justice de hommes, comme tu trembleras dans ta peur, quand se lèvera la justice de Dieu! Le reste est un rêve funèbre. (V-38)

Anáforas y paralelismo

Martí: Dios existe, sin embargo...
Dios existe, y yo vengo...
Dios existe, y si me hacéis... (P-9)

Lamennais: Parle aux tyrans...
Parle aux oppresseurs...
Parle aux opprimés...
Parle a tous... (V-28)

Polisindenton paratáxico:

Martí: Y mientras ella...
Y cuando ella...
Y cuando volvió...
Y ella sintió...
Y brotó al fin...
Y si éstos habéis querido...
Y si os parece cuestión...
Y si esto sabéis... (P-15)

Lamennais: Et les jours et les ans...
Et après les rêves enchantés...
Et ils sont tombés, et ils ont... (V-44)

Interrogaciones retóricas

Martí: ¿Y España se regocija, y se regenera, y ansía libertad? Pero, ¿esto se lo han hecho aquí? ¿Por qué se lo han hecho a usted? (P-19)

Lamennais: Qu'est-ce que le droit? Le savent-ils? Savent-ils ce qu'est le devoir? En ont-ils en eux la racine? (V-17)

Vocabulario

No creemos necesario insistir demasiado en la semejanza del vocabulario como parte del estilo, ya que al señalar la coincidencia temática de las dos obras, nos hemos referido al uso de vocablos tales como Dios, justicia, bien, mal, sufrimiento, deber, cadenas, libertad, amor fraternal, patria, misterio, fantasmas, etc., que aparecen en las citas que hemos venido haciendo.

Sin embargo nos parece significativo, por lo repetitivo, el frecuente uso que da Martí a la palabra *triste,* usada a través de su obra lo mismo como sustantivo que como adjetivo. Así llama a sus compañeros de prisión, seguramente con la intención de reflejar el dolor con que contempla a estos hombres, carentes de felicidad por no tener libertad. Examinando la obra de Lamennais hemos comprobado como este autor también usa la palabra frecuentemente, lo cual refuerza el acercamiento de ambos escritores. Hagamos un pequeño inventario de su uso por ambos:

Lamennais: Ils sont tristes (V-33)
Espérances tristes (V-37)
émue de tristesses (V-44)
prise de tristesse cherchait Dieu (V-57)
une tristesse pleine d'horreur (V-58)
Affaissé de tristesse et transi d'effroi (V-54)
Mon âme errait en des régions que ne je saurais dépeindre, obscures, froides, tristes (V-62)
le cœur ému de souvenirs tristes (V-66)

Martí: Tristes, sombríos, lastimeros recuerdos (P-16)
Triste y desconsoladora historia (P-16)
Los tristes de la cantera (P-17)
Lanzaban sólo sombríos, cuando tristes, miradas (P-17)
El triste valor de Pilatos (P-18)

> Tristes ojos míos que tanta tristeza vieron (P-24)
> Y minutos después el triste moría (P-27)
> Así pasó el triste la más horrible de las tardes (P-27)

Asimismo Lamennais lo usa para referirse a los hombres por los cuales sentía compasión, como los labradores que sufrían por no ser dueños del fruto de su trabajo. Vemos una gran similitud entre la visión de Lamennais de estos hombres y la de Martí al contar la llegada de los presos a la cantera. Ambos usan la palabra *triste* y se valen de imágenes visuales que recogen tanto el aspecto de depauperación física como el lento andar de la gente que sufre:

Lamennais: Et je vis sortir de chaumières dispersées ça et le sur les coteaux, dans les vallons, des hommes âgés, et d'autres plus jeunes, pales, amaigris, courbés sous des instruments de labourage. Ils marchaient lentement, comme s'ils eussent trains je ne sais quel poids interne. Et ils étaient tristes. (V-32)

Martí Los tristes de la cantera vinieron al fin. Vinieron dobladas las cabezas, harapientos los vestidos, húmedos los ojos, pálido y demacrado el semblante. No caminaban: se arrastraban; no hablaban: gemían. Parecía que no querían ver; lanzaban sólo sombrías cuando tristes, débiles cuando desconsoladores, miradas al azar. (P-17)

Expresión

Para nosotros no hay duda que en las dos obras, tanto Lamennais como Martí, adoptan una expresión de tensión dramática que los escritores desarrollan por el uso de varios procedimientos coincidentes. Uno de ellos es la actitud maniqueísta del enfrentamiento entre opresores y oprimidos, entre el espíritu y la materia, entre el mal ocasional y el bien eterno. Este último destruirá al mal con el castigo de los pecadores que para Lamennais no es otro que el infierno, el cual describe mediante una visión de una cloaca llena de figuras horribles:

> Et dans le lieu le plus bas d'une vaste cité, dans une sorte de cloaque d'où s'exhalait une odeur d'immondices, je vis une multitude que je ne saurais nommer. Ces figures horribles avoient les traits de l'homme, mais n'en avoient pas l'expression. Leurs fronts déprimés, leurs joues terreuses, quelquefois striées de rouge ou semées de plaques violettes, portaient l'empreinte hideuse du crime lâche et du vice brutal. (V-52)

Martí en el *Presidio político* claramente relaciona la cantera de trabajos forzados del presidio y el sufrimiento de los presos, al infierno de Dante. El mismo recurso de Lamennais es utilizado, pero a la inversa, porque en este caso la tensión dramática no está en el castigo de los pecadores, sino en el sufrimiento de las víctimas del mal. Admitiendo que se trata de actitudes románticas, la visión de este recinto cerrado, la presencia de hombres desfigurados físicamente y el colorido monstruoso con que retoca las facciones humanas, indica más que una coincidencia con el reino de Satán descrito por Lamennais:

> Es la cantera extenso espacio de ciento y más varas de profundidad. Lino que venía apoyado en otro enfermo, caída la cabeza, convertida en negra llaga la cara, en negras llagas las manos y los pies; Lino venía, extraviado los ojos, hundido el pecho, inclinado el cuerpo, ora hacia adelante, ora hacia atrás, (P-27)

> Verdinegra sombra rodeaba sus ojos; rojas manchas apuntaban en su cuerpo, su voz se exhalaba como un gemido; sus ojos miraban como una queja. (P-26)

Otro recurso usado, a nuestro juicio, para desarrollar la tensión dramática es la presencia de la muerte como aniquiladora de la vida material y principio de la vida espiritual. Tanto Martí como Lamennais describen una especie de danza macabra, para mostrar que con la muerte sólo el alma se eleva a lo Eterno, y queda la carne convertida en una visión espectral. Lamennais en su libro dedica el capítulo «Le sons de morts» a la visión a que estamos refiriéndonos:

> Soudain le spectre du passé, tout couvert d'une poussière fétide, sort de la Combe et se dresse devant le peuple libérateur. Il pose la main sur sa poitrine, et le sang se fige, et le cœur cesse de battre; il lui souffle son haleine, et le vertige le saisit, ses genoux chancellent, ses pensées se troublent; il a perdu jusqu'au souvenir de ce qu'il êtoit naguère, la sympathie qui le liait aux autres, le sentiment de soi. Dégradé par la corruption, il livre stupidement ses pieds aux entraves et son col au joug. (V-79)

El escritor cubano también incluye en su obra una danza de muertos, que coloca al final y que presenta como un desfile de cabezas, del cólera, de la viruela, como exposición de las inmundicias terrenales. Al igual que en Lamennais, hay una marcada intención macabra:

> Ante mí desfilan en desgarradora y silenciosa procesión espectros que parecen vivos, y vivos que parecen espectros. Aquí va el cólera contento, satisfecho, alegre, riendo con horrible risa. Ha trocado su guadaña por el látigo del presidio. Lleva sobre los hombres un montón de cadenas. De vez en cuando, de aquel grupo informe que hace un ruido infernal, destila una gota de sangre. ¡Siempre sangre! El cólera cargaba esta vez su espalda en el presidio político de Cuba. (P-32)

De igual manera caracteriza la expresión de ambas obras el empleo de ciertos elementos poéticos, en relación con la naturaleza. La señora de Galindo en su estudio sobre el *Presidio político* señala que «Martí no describe el paisaje de la naturaleza»,[107] (lo cual es cierto, pues pocas veces hace mención de él en su obra). Quizás sea el Sol, el elemento de la naturaleza que más menciona Martí, que dicho sea de paso, aparece también en Lamennais insistentemente.

---

[107] Galindo, Op. cit., p. 41.

Vamos a referirnos a un pasaje de la obra de Martí, analizado estilísticamente por la señora Galindo, que contribuye a lo misterioso del libro y en el cual ella ve elementos de la naturaleza contemplados poéticamente:

> Unos hombres envueltos en túnicas negras llegaron por la noche y se reunieron en una esmeralda inmensa que flotaba en el mar. Los rayos del sol de las batallas brillan tanto, que a su luz se confunden la tez blanca y la negra; yo he visto desde lejos la Ruina que adelanta terrible hacia nosotros;
>
> Vamos, vamos —dijeron con cavernosa voz los hombres, (P-10/11)

Dice la señora Galindo que en este Tercer Canto, Martí usa una metáfora sugerente desde el punto de vista poético, porque «intensifica la noche en marcado contraste con la impresión visual y cromática de la esmeralda que conlleva en su significado toda la exuberancia del trópico».[108] No discutimos lo sugeridor de la metáfora, pero observamos coincidencia con los mismos elementos que encontramos en distintas partes de la obra de Lamennais. Concretamente, la utilización del juego de luces, el sol, el mar, hombres vestidos de negro que hablan con voz sobrenatural, piedras preciosas, de una forma muy semejante a la de Martí, aparecen en las siguientes citas. Para el escritor francés, la visión en lo alto de la sombra de la prisión, corresponde a la Ruina que Martí ve avanzar desde lejos:

> Près de lui s'empressaient et se serraient des spectres noirs avec lesquels il se concertait á voix basse. (V-54)
>
> La mer scintillait au soleil; chaque goutte d'eau reflétait, comme une pointe de diamant, une lumière blanche et pure, que l'œil supportait à peine. (V-65)
>
> Au-dessus, la masse noire de la prison projetait au loin son ombre gigantesque. (V-42)

---

[108] Ibid., p. 40.

Creemos que el examen que hemos hecho de las dos obras de Martí y Lamennais demuestra, en forma convincente, una similitud temática e ideológica entre ambos escritores. Este paralelismo nos indica, indudablemente, el interés de Martí en la obra del pensador francés y, a nuestro juicio, en el movimiento ideológico conocido como el Romanticismo Social. En las siguientes secciones de este estudio podremos comprobar como ese paralelismo, antes señalado, se hace más evidente y profundo cuando presentemos la perspectiva ideológica del pensamiento martiano expuesto en sus crónicas sobre los Estados Unidos, y así acreditar el título y contenido de este libro.

Perspectiva ideológica de las crónicas sobre los Estados Unidos

En la introducción a este estudio hicimos referencia a la importancia de las crónicas de Martí sobre los Estados Unidos e identificamos diversas opiniones de estudiosos de las mismas que expresan su valioso contenido, ya que recogen un análisis crítico de una sociedad que atravesaba un proceso de desarrollo económico y social extraordinariamente importante durante la segunda mitad del siglo XIX. De lo anterior es lógico deducir que las crónicas de Martí sobre los Estados Unidos constituyen el material de la prosa martiana más idóneo para intentar una búsqueda de las ideas expresadas por el escritor cubano acerca de una gran diversidad de temas que claramente contengan los elementos que en su conjunto sostengan una articulada estructura ideológica.

Todo estudio ideológico de un escritor resulta complejo, y en el caso de José Martí lo es todavía más por tratarse de un cronista extraordinariamente prolífico que publicó gran cantidad de artículos sobre los cuales expresó sus elaborados pensamientos, sin nunca indicar posibles fuentes o referencias. Por consiguiente, y a fin de orientarnos debidamente, examinamos previamente la posible formación intelectual de Martí, de la cual dedujimos que el Romanticismo Social del pensador francés Felicité R. Lamennais se destacaba como una posible influencia en la ideología martiana.

A los efectos de mostrar evidencia del probable conocimiento de Lamennais por parte de Martí, hemos examinado detalladamente las afinidades y coincidencias de la primera obra importante de Martí *El presido político en Cuba* con una obra similar de Lamennais, bajo el título *Une voix de prison*. Y, desde luego, también consultamos otras publicaciones de Lamennais que mencionamos oportunamente, las cuales nos facilitaron encontrar evidencia adicional con respecto a la identificación de Martí con la ideología del Romanticismo Social y del pensador francés.

Además, para proceder al estudio del aspecto ideológico de Martí en sus crónicas sobre los Estados Unidos, debe tenerse en cuenta que su pensamiento, desde muy temprana juventud, se orienta hacia la idea del mejoramiento humano, fundamentado en la existencia indubitable de una vida espiritual, a la cual le otorga extraordinaria importancia. Esta espiritualidad martiana no ha sido discutida por crítico alguno, pues solo ha habido diferencias en cuanto al contenido religioso que dicha actitud envuelve, o ha servido para establecer «paradojas» o «contradicciones» en su pensamiento, al tratar de conjurar su idealismo y su elevada sensibilidad con un pragmatismo exhibido en muchas de sus ideas y probado por la eficacia de su acción pública y revolucionaria.

En efecto, resulta obvio que Martí distingue nítidamente espíritu y materia, como dos aspectos de la existencia humana y, como consecuencia su análisis de la sociedad americana, como de cualquier grupo social, envolverá precisamente esos dos niveles. De igual forma que la existencia humana individual, la realidad social estará constituida por la presencia de dos diferentes pero complementarias «sociedades», una material y la otra espiritual.

Tal como nosotros hemos indicado, y según los críticos acreditados, esta misma idea aparece en Lamennais, y Jacques Poisson, quien ha hecho un estudio concreto de la ideología del pensador francés sobre esa base, comenta que se trata en lo social de la misma relación que existe en el ser humano entre el cuerpo y el espíritu: «une étroite solidarité entre ces deux éléments, inhérents à toute vie sociale et á toute existence: le spirituel et le temporal qui ne sont, en fin de compte, que deux aspectes inséparables d'une même réalité; le second étant su premier ce que le cops est á l'spirit».[109]

Por consiguiente y siguiendo nuestra convicción de la influencia de Lamennais en Martí, la exposición de su ideología, tal como se manifiesta en sus crónicas sobre los Estados Unidos, la vamos analizar por medio de los esquemas utilizados por Poisson en su estudio sobre Lamennais mencionado antes. Como veremos

---

[109] Jacques Poisson, *Le Romanticisme social de Lamennais* (París, 1931).

estos esquemas resultan efectivos porque facilitan la organización de las ideas aisladas de las crónicas, al ser agrupadas dentro los dos conglomerados sociales que reflejan la dualidad «material» y «espiritual» que antes señalamos como elementos esenciales de la ideología romántico social compartida por los dos escritores.

Finalmente, no debemos olvidar que Martí en sus ensayos ya sean críticos o favorables de los diferentes temas que analiza, los desarrolla a través de una gran variedad de frases que son las que realmente indican su posible filiación o coincidencia con alguna corriente ideológica identificable. Por lo tanto en nuestro estudio vamos a colocar esos diversos comentarios dentro del marco ideológico que nos hemos propuesto el cual, como hemos dicho, responde a una evidencia que esperamos sea convincente.

Creemos que nuestro plan es efectivo y probablemente hubiera recibido el beneplácito del intelectual cubano Roberto Agramonte, uno de los estudiosos de Martí más acreditados, cuando en su varias veces mencionado libro *Martí y su concepción del mundo*, de la siguiente forma se refiere a la forma de articular el fluido pensamiento martiano con la intención de reconstruir la totalidad del sistema que lo sostiene, que para nosotros no es otro que el de la doctrina romántico social de Lamennais:

> Martí pertenece claramente al tipo de filósofo sistemático, a esta segunda forma de pensar o filosofar. Cada uno de sus escritos tiene como clave alguna idea filosófica matriz. *Tales ideas son las lucecillas que van iluminando sus pasos ante su ambivalencia. La cuestión está en articular cada idea céntrica a otras afines y —como el naturalista con sus clasificaciones— reconstruir el sistema implícito que es —como ya se ha va viendo— de suyo impresionante.*[110] (subrayado nuestro)

Sin duda alguna la exposición de la ideología de Martí en la forma que hemos dejado señalada recoge un contenido substancial de su pensamiento que lo conecta de una manera efectiva con el Romanticismo Social, un movimiento de extraordinaria impor-

---

[110] (Puerto Rico, 1971)

tancia en el siglo XIX. Además, incluiremos un comentario respecto a la falta de espiritualidad que Martí observa en la sociedad norteamericana de la época, concepto definitivamente afín al pensamiento de Lamennais, para utilizarlo como valor cultural de polarización en su contraste con los pueblos de América Latina, lo cual consideramos es un aspecto político importante dentro de su perspectiva ideológica.

SECCIÓN III

Esquema de la sociedad material

En esta sección vamos a exponer los componentes de la «sociedad material», la cual hemos identificado como uno de los dos aspectos, material y espiritual, en que la ideología martiana se identifica con los del Romanticismo Social de Lamennais, según dejamos señalado anteriormente. No hay duda, como hemos dicho antes, que Martí dedicó sus crónicas a describir una importante sociedad que atravesaba un momento crítico de su historia. Pero estamos convencidos de que, además, Martí también se propuso dejar constancia de sus principios ideológicos, que nosotros consideramos afines a los expuestos por Lamennais.

Como veremos seguidamente Martí predica la necesidad de un orden armónico en la sociedad material, mediante la integración de los componentes que representan los conceptos de la familia, la propiedad, el trabajo, la patria, la educación y el arte, este último considerado como intrínseca manifestación social. Y al mismo tiempo sustenta la existencial social sobre los principios de Igualdad, Libertad y Fraternidad acuñados por la Revolución Francesa.

La actividad política, necesaria en toda sociedad, ocupa en el pensamiento de Martí un rango especial. En gran medida, el político es quien tiene en sus manos la posibilidad de armonizar la vida material y espiritual de los ciudadanos. Sin identificarlo de manera alguna con la figura del gobernante absoluto o de un rey, concebido como representante de Dios en la tierra, exige de él una dedicación prácticamente apostólica, que lo coloca muy cerca de un conductor de almas.

No hay duda que fustigó a los políticos corrompidos de su época en los Estados Unidos, pero al tiempo que lo hacía desplegaba la imagen del político ideal. Hombre de su tiempo y de todos los tiempos, Martí espera del político una gran dedicación para resolver los problemas materiales de la sociedad y de sus componentes, pero sin olvidar los intereses espirituales de ambos. En la estructura de la sociedad material, por tanto, el político tendrá una función armonizadora y garantizará en gran medida la viabilidad de los principios de la sociedad espiritual, que luego serán examinados.

La ideología martiana con respecto a la sociedad material refleja un pensamiento quizás más conservador que el de otras corrientes ideológicas populares en el siglo XIX, que patrocinaban cambios radicales a veces utilizando métodos violentos. Sin embargo, desde el punto de vista doctrinario sus ideas responderán a las de los movimientos democrático-liberales dentro del Romanticismo Social y, consecuentemente, se opondrá a toda forma de gobierno que prescinda de la soberanía popular que implique una transformación radical, o a la supresión de los principios que, para él, son imprescindibles para mantener el orden de la sociedad material.

En nuestra exposición, haremos un examen individual de cada uno de los componentes de la sociedad material antes señalados, en la forma que Martí los formula en sus crónicas sobre los Estados Unidos. Asimismo y en cada caso se establecerá un contraste con similares pronunciamientos que han sido estudiados en Lamennais, para así detectar los elementos ideológicos comunes que consideramos identifican a los dos pensadores y contribuyen a demostrar la posible influencia del pensador francés en la ideología martiana, lo cual es el objetivo central de nuestro estudio.

Bases de la sociedad material

La familia

Martí cree en la institución de la familia y especialmente en el matrimonio, como fundamento y sostén de toda sociedad. En su juicio de la sociedad americana dejó constancia de su crítica en cuanto a la libertad sexual y a las uniones extra-matrimoniales, así como la descomposición de la institución de la familia que estaban produciendo las nuevas costumbres.

Pero de igual manera se preocupa por exponer sus puntos de vista en relación con el matrimonio, que también es parte importante de su prédica. Dedicó extensos reportajes a la boda del Presidente Cleveland, un acontecimiento destacado de su presidencia, y ensalzó su nuevo estado. Constantemente en su crónica menciona los beneficios que el matrimonio trae al individuo y desde luego a la sociedad. En su opinión, no hay un estado más perfecto para el hombre que casado con una mujer buena: «Crece el hombre bien casado, el mal casado, decrece, o si se mantiene en alto, será con agonía, y sobre puntales».[111]

Sin la base segura y virtuosa del matrimonio, Martí ve una existencia sin significado, y por tanto la causa de muchos de los males sociales. En su panegírico a la muerte del general Hanckock, coloca a la mujer como responsable de la gloria militar y política de su marido, y establece el paralelo de su vida ordenada, con lo que él llama desarreglo en el hogar. «Nadie pregunte el secreto de tanta existencia desperdiciada, desviada, frustrada, incompleta; es el desarreglo del hogar».[112]

Es evidente que en la opinión del escritor corresponde a la mujer un papel importante en la familia y en la sociedad. Coincide en esto con Lamennais, quien también considera al matrimonio y a la familia bases esenciales de la sociedad material. Poisson en su estudio se refiere a este hecho, y a como Lamennais establece las responsabilidades distintas del hombre y de la mujer. «Le père dans la famille, représente *la force*.... La femme de son côté, représentera *la forme*: en elle va s'organiser et prendre croissance la germe fécondé para la puissance génératrice du père».[113]

---

[111] Martí, *Obras completas* (La Habana, 1963), X, p. 178.

[112] Ibid., XIII, p. 171.

[113] Jacques Poisson, *Le romantisme social de Lamennais* (París, 1931), ps. 263-264.

Martí ve la relación familiar o matrimonial más o menos de la misma manera, es decir, asignando a la mujer un papel distinto al del hombre, y también orientado a sostener la fuerza del hombre, que en el escritor cubano se encamina hacia la edificación de la vida, «Construir: he ahí la gran labor del hombre; consolar, que es dar fuerzas para construir: he ahí la gran labor de las mujeres».[114]

No existe una intención inferiorizadora para la mujer, sino que ve el matrimonio como una complementación de fuerzas espirituales que va mucho más allá del sexo. Tampoco hay una idealización puramente literaria de la mujer, sino el establecimiento de la relación del amor entre los dos sexos dentro de la correcta perspectiva. Para Martí, la polaridad que existe entre el hombre y la mujer es contemplada desde el punto de vista creativo, que en definitiva es el objetivo final de la unión matrimonial. Su interpretación de la existencia de caracteres diferentes entre los dos sexos, no carece de modernidad, pues sociólogos contemporáneos como Erich Fromm han señalado cómo la polaridad sexual se manifiesta y corresponde precisamente, a una diferencia también en carácter, entre el hombre y la mujer.[115]

Por otro lado, el Romanticismo Social se distancia bastante de la imagen que para la mujer se había formado dentro de lo que se suele conocer como literatura (ficción: novela, teatro) romántica. En cierto modo, dentro de la dirección o tendencia romántica, la mujer es objeto de la persecución del hombre, y las pasiones que engendra, con frecuencia acarrean el infortunio de uno de los dos, o de ambos. De acuerdo con esta concepción, la mujer casi no toma parte o interviene poco o nada en las funciones normales de la vida.

---

[114] Martí, op. cit., XII, p. 252.

[115] *The Art of Loving* (Nueva York, 1956), p. 36. «There is masculinity and feminity in *character* as well as in *sexual function*. The masculine character can be defined as having qualities of penetration, guidance, activity, discipline and adventurousness; the feminine character by the qualities of productive receptiveness, protection, realism, endurance, motherliness».

El Romanticismo Social, en cambio, ve a la mujer como un ser real, con un papel social definido, y con Los derechos y deberes que tal situación lleva aparejada. Básicamente la mujer debe gozar de la misma libertad del hombre, y en la doctrina de Lamennais se establece esta igualdad en razón de ser ambas criaturas de Dios. «Il en résulte, en pratique, que la femme, étant égale á l'homme et libre comme lui, est sa compagne et non pas sa servante».[116]

En todas sus crónicas, Martí ensalzó la libertad de la mujer y los triunfos que estaba alcanzando en la sociedad. Repetidamente defendió el derecho de la mujer al trabajo, al voto, a la educación universitaria, en fin, a la adquisición de una posición segura y decorosa, que para él sólo era posible alcanzar en la libertad del hombre y de la mujer. «Si, hay que venir a ver esta tierra, donde de veras el mundo se cambia, se transforman los conceptos antiguos, y por la fuerza de la libertad y de la batalla por la vida parecen mudar de constitución mental, ensanchar, crecer, los mismos sexos».[117]

Pero no obstante la posición avanzada en que ambos escritores colocan a la mujer, no olvidan su papel diferente y su identificación como símbolo de la belleza moral. Lamennais considera para la mujer un reinado de amor, necesario para compensar la lucha terrible de la vida, y sin el cual no tiene sentido la existencia. «La femme règne de fait et en cédant elle gouverne encore. Que serait sans elle la vie humaine? Une lutte désespérée, un sanglant combat de l'homme contra la nature et l'homme contre l'homme».[118]

Cree Martí que a la mujer debe preparársele para ese reinado, y aunque defiende el derecho de ellas a la educación y al trabajo, se opone decididamente a que se les eduque igual que a los hombres, Al considerarla una fuerza niveladora entre la lucha de los hombres por la existencia, adopta la misma posición del escri-

---

[116] Poisson, op. cit., p. 267.

[117] Martí, op. cit., XI, p. 208.

[118] Poisson, op. cit., p. 277.

tor francés. Hablando de su educación, Martí no cree que a la mujer «se deba dar crianza de varón, y hacer de una paloma un saltamontes, puesto que los pueblos necesitan de los dos sexos, como la familia, y un pueblo sin alma de mujer, o con cantineras como esposas, viviría como una horda de mercenarios, o como un barrio chino».[119]

La propiedad y el trabajo

Dentro de la doctrina general del Romanticismo Social, la idea de la propiedad no es coherente, ya que muchos de los ideólogos románticos, evolucionaron hacia sistemas sociales, en los cuales se establecía la abolición de la propiedad privada. La posición de Lamennais al respecto es bien clara: defiende el derecho de propiedad individual, y sus críticos mencionan como luchó ideológicamente contra las tendencias de la época, que favorecían una abolición parcial o total de lo que él consideraba un derecho humano básico, sobre todo a partir de 1840. «Lamennais ne cessa de lutter contre les multiples systèmes issus soit du communisme, soit du saint-simonisme ou du fouriérisme, que, explicitement ou non réclamaient l'abolition de la propriété».[120]

Martí en ninguna de sus crónicas ataca el derecho de propiedad, ni predica su socialización parcial o total. En su trabajo de 1884 sobre Spencer, hace referencia a ciertos reformadores socialistas americanos, cuyas ideas no compartió, y explica que no es partidario de la abolición de la propiedad, «De ser siervo de sí mismo, pasaría el hombre a ser siervo del Estado. De ser esclavo de los capitalistas, como se llama ahora, iría a ser esclavo de los funcionarios. Esclavo es todo aquel que trabaja para otro que tiene dominio sobre él; y en ese sistema socialista dominaría la comunidad al hombre, que a la comunidad entregaría todo su trabajo».[121]

---

[119] Martí, op. cit., XII, p. 301.

[120] Poisson, op. cit., p. 295.

[121] Martí, op. cit., XV, p. 391.

Para Lamennais radica en el trabajo toda la creación de la riqueza de la nación, y éste depende absolutamente del derecho de propiedad, que a su vez es originado por el trabajo. «Et ce travail, qui assure la production des richesses, dépend de la propriété, alors que selon l'ordre naturel des choses ce devrait être la propriété qui dépende du travail».[122] Como consecuencia de este principio el escritor francés explica que es partidario de toda asociación en el trabajo, pues tal cosa puede traer beneficios generales, al conducir a la sociedad a nueva formas dentro del orden de la vida física y moral. Sólo a este respecto, es que afirma que es socialista:

> Si l'on entend par socialisme, d'un côté, le Principe d'association admis comme un des fondements de l'ordre qui doit s'établir et, d'un autre côté, le ferme croyance que, sous les conditions immuables de la vie elle-même, de la vie physique et morale, cet ordre constituera une société nouvelle, à laquelle rien ne sera comparable dans le passé, oui, nous sommes socialistes, et plus que qui ce soit, on le verra bien.[123]

La doctrina martiana sobre la propiedad y el trabajo está elaborada dentro de principios generales muy similares a los de Lamennais. Nunca se declaró socialista, pero en su opinión no hay nada más hermoso que el trabajo. «El trabajo embellece. Remoza ver a un labriego, a un herrador, a un marinero. De manejar las fuerzas de la naturaleza, les viene ser hermosos como ellas».[124] De ahí provienen sus simpatías por el trabajador y veremos cómo establece en el principio de la creación y posesión de bienes individuales, la garantía para la defensa común de los intereses de la patria.

---

[122] Poisson, op. cit., p. 300.

[123] *Le peuple constituant* (París, 23 de junio de 1848), mencionado por Poisson, *Le romantisme social de Lamennais*, p. 303.

[124] Martí, op. cit., IX, p. 388.

Sin embargo, aunque defensor de las asociaciones obreras, como se ha visto, ni aún en los momentos más álgidos de enfrentamiento de estos al capital opresor, por medio de huelgas, indica Martí la conveniencia de que sea traspasada la propiedad de las fábricas a las manos de los obreros. Claramente indica que él no es partidario de este procedimiento, pues estima que tanto el capital como el trabajo representan dos aspectos distintos de la sociedad, y no debe privarse a uno de ellos del legítimo derecho de propiedad, en este caso sobre los instrumentos de producción. «La empresa, que puede haber dado razones para el descontento de sus empleados, se ve de súbito, favorecida con la opinión que le era contraria en principio, por ser esa una manera anticipada con que protesta el país contra la *repugnante y desastrosa* condición en que le pondría la entrega del manejo de sus industrias a los obreros, *que ni son sus dueños, ni son más que uno de los factores de ellas*» (subrayado nuestro).[125]

La patria

En Martí la patria significa además de un ideal, un objeto real con una dimensión específica dentro de la estructura de la sociedad material. Es una realidad territorial y social por la que el hombre debe trabajar y luchar para su engrandecimiento. Hay dentro de ella un propósito de comunidad de intereses y de vínculos culturales que dan sentido a la propia existencia. «Envejece como una nuez, quien vive lejos de su patria. Prospera y hermosea quien de buena fe y con utilidad vive en el servicio constante de ella».[126]

Para el Romanticismo Social el concepto de la patria se amplificará al contemplarse los problemas dentro de una realidad concreta y no solamente como una abstracción ideal. Preocupados los románticos sociales por el bienestar del pueblo, la idea de patria implica además de un fuerte nacionalismo, el trabajar en la persecución de un interés social. Lamennais se distingue dentro

---

[125] Ibid., X, p. 420.
[126] Ibid., XII, p. 61.

de las corrientes de la época, y su crítica a los gobiernos siempre está concebida dentro de lo que él considera el engrandecimiento de la patria francesa. En su obra *Le livre du peuple* nos da la definición de patria que incluye el interés común como medio de constituir la unidad social: «la fusion volontaire de tous les intérêts en un seul intérêt, de toutes las vies en une seule vie perpétuellement durable».[127]

No cabe identificar a Martí con ninguna clase de doctrina materialista, sobre todo con respecto a la idea de patria. Ahora bien, no hay duda que consideraba la necesidad de una existencia arraigada en lo material, para garantizar la felicidad de los hombres. Acepta el instinto de posesión como natural en todo hombre y comprende que la posesión de bienes materiales contribuye a la unidad espiritual, ya que en su defensa acudirán los hombres en conjunto en los momentos de peligro, Criticó lo que consideró el pecado del egoísmo material en la sociedad americana, pero comprendió la necesidad de una riqueza común compartida como una de las bases de la patria, «Poseer, he aquí la garantía de las Repúblicas. Un país pobre vivirá siempre atormentado y en revuelta, Crear intereses es crear defensores de la independencia personal y fiereza pública necesaria para defenderlos».[128]

No debe confundirse la actividad del gobierno con los intereses de la patria, ya que éstos muchas veces están situados en posiciones contradictorias, El verdadero patriota muchas veces tiene que enfrentarse al poder de los gobiernos, precisamente en defensa de la patria mancillada u oprimida. Tal fue la posición de muchos románticos sociales, entre ellos Lamennais, en quien los críticos ven una posición antigubernamental, pero patriótica: «En somme, Lamennais fait à la fois ouvre antigouvernementale et patriotique, et ce que justement il reproche au gouvernement, c'est de négliger les véritables intérêts de la patrie».[129]

---

[127] *Le livre du peuple* (París, 1937), p. 147.

[128] Martí, op. cit., IX, p. 85.

[129] Poisson, op. cit., p. 313.

Martí, sin duda, fustigó a los políticos de España que dominaban su patria, pero además hizo una crítica constructiva de ciertos políticos norteamericanos. Fue respetuoso en general con los presidentes, pero señaló las lacras en el gobierno americano, a las cuales pensó debía ponerse remedio. Ahora bien, dejó establecido que no resultaba patriótica una actitud anárquica y menos todavía que se impusieran a cualquier pueblo remedios que no se ajustaran a sus necesidades propias: «Cada pueblo se cura conforme a su naturaleza, que pide diversos grados de la medicina, según falte éste u otro factor en el mal, o medicina diferente. Ni Saint-Simon, ni Karl Marx, ni Marlo, ni Bakunin. Las reformas que nos vengan al cuerpo».[130]

Es indiscutible que los románticos sociales promovieron el establecimiento de instituciones democráticas y la eliminación de los regímenes monárquicos. La voluntad popular debía ser expresada a través del voto, pero también las instituciones militares profesionales que respondían a los intereses gubernamentales opresores, deberían ser reorganizadas en forma que representaran en esencia a la nación. Este nuevo ejército de ciudadanos y no mercenario deberá luchar por la libertad propia y la de los demás oprimidos. Por esas razones, es que los críticos examinan cómo Lamennais defiende la idea del establecimiento de un ejército nacional democrático: «c'est pourquoi il préconise de substituer à l'armée de métier, a l'armée mercenaire, une armée citoyenne, *une armée de la Nation*, qui luttera pour sa défense ou pour l'indépendance des autres».[131]

Martí aspira a la misma organización democrática para lo que en la sociedad material responde al concepto de patria. La integridad de la patria debe ser defendida, y la forma de hacerlo es, internamente, considerando el ejercicio del voto no sólo como un derecho sino como un deber de todos los ciudadanos. «Deber es sufragio, como todo derecho, y el que falta al deber de votar

---

[130] Martí, op. cit., XII, p. 378.

[131] Poisson, op. cit., p. 315.

debiera ser castigado con no menor pena que el que abandona su arma al enemigo».[132]

Para la defensa externa Martí, al igual que Lamennais, tampoco confía en el soldado profesional y preconiza un ejército en que todos participen. Criticó todas las tentativas de creación de un ejército profesional en los Estados Unidos y celebró la idea de dar instrucción militar a todos los ciudadanos, al mismo tiempo que recibieran su educación en las Universidades, y en «el campamento donde, por condición del Estado, aprende a cargar el fusil todo el que carga un libro. Porque el único modo de vencer el imperialismo en los pueblos mayores, y el militarismo en los menores, es ser todos soldados».[133]

Pero desde luego, la integridad de la patria así constituida para su defensa interna y externa, debe tener una moral que se manifieste en el trato con las demás naciones. Aunque existe el interés de luchar por la libertad de todos los pueblos oprimidos, no debe confundirse con le interferencia en los asuntos de otros. A la patria individual corresponde el deber de respetar las demás patrias, y por tanto, se condena la agresión internacional en todas sus manifestaciones. Los críticos de Lamennais explican cómo en el escritor francés, el deber con relación a la patria y a las otras patrias, tiene un fundamento moral: «S'il y a des devoirs de l'individu envers la patrie, nous avons indiqué qu'il existait aussi des devoirs envers les patries: on pourrait même parler des devoirs de la patrie envers l'humanité; cette morale internationale».[134]

En su *Livre du peuple* hace Lamennais un análisis de las distintas clases de guerras que han existido a través de los tiempos, desde las de conquista, pasando por las de sucesión, hasta llegar a las guerras modernas que él llama comerciales. Esta úl-

---

[132] Martí, op. Cit., X, p. 43.
[133] Ibid., XII, p. 306.
[134] Poisson, op. cit., p. 325.

tima se da precisamente cuando la absoluta libertad de las naciones no preside la libertad de comercio entre los pueblos.[135]

Martí, a través de sus crónicas, establece el principio de moral internacional que debe prevalecer entre los diferentes pueblos, y expresa su crítica a todo intento de violación, por parte de los Estados Unidos, de este principio. Proclama la libertad como norma general, y de ahí niega todo establecimiento colonial de una potencia sobre otros pueblos mantenidos en una situación inferior. «Pueblo que ata a sí pueblos esclavos, vivirá perpetuamente atado a sus esclavos, y no podrá vivir por sí, sino muriendo, y dando en tierra a cada sacudida de los pueblos siervos, hasta que las fuerzas se le postren, o las ligaduras salten».[136]

Además se percata del nacimiento del «imperialismo económico» de los Estados Unidos, por el cual esta Nación trata de coartar la libertad de otras por medio de tratados comerciales que sólo beneficien sus intereses. Semejante al dominio de la fuerza militar, resulta el de la fuerza económica, ya que limita la libertad política, sobre todo la de los pueblos pequeños, «Ni hemos de ir de barateros por el mundo, cobrando el tanto del comercio universal, porque tenemos el brazo más fuerte; ni es menos sagrada la libertad política en un enano que en un gigante».[137]

Educación

Puede afirmarse que este es el aspecto más dinámico de la sociedad material, ya que a través de la educación a distintos niveles es que puede realizarse la prédica moral. Necesariamente la actividad educativa tendrá que comprender la formación espiritual y la material del hombre, como partes integrantes del mismo organismo. A este propósito se encaminaban todos los proyectos de reforma de la educación contemplados por la doctrina romántico social. Debido a su ministerio, Lamennais al principio de su vida

---

[135] *Le livre du peuple* (París, 1937), ps. 170-172.
[136] Martí, op, cit., IX, p. 404.
[137] Ibid., XII, p. 240.

pública, favorecía el control de la educación por parte de la Iglesia Católica, ya que en su opinión los clérigos eran los más capacitados para impartir la necesaria orientación espiritual. Pero con el transcurso de los años, fue evolucionando de este criterio ultramontano en materia educativa, hasta llegar a niveles de uno de los liberalismos más radicales de su época. Finalmente, preconizó la libertad absoluta, tanto religiosa como educativa, y defendió la división entre los poderes del Estado y los de la Iglesia, lo cual en gran medida fue una de las causas de su condenación oficial por Roma.

Ahora bien, el escritor francés se preocupa de indicar claramente que la educación laica debe reunir, en todo caso, los requisitos de amor y sacerdocio, como parte de la responsabilidad moral que es la agencia de esa actividad, El crítico Poisson nos dice que el educador por sus ejemplos, va a inducir a otros al cumplimiento del deber y a trabajar por el desarrollo de su sentido moral y, como expresa Lamennais, «accomplir en soi incessamment le sacrifice dans lequel se résument toutes les lois de l'amour».[138]

Como es de esperar por los lineamientos de su doctrina, también Martí relaciona la educación con los conceptos de deber y de sacrificio, ambos como manifestación de la ley del amor, en forma similar a la del escritor francés. Considerando en definitiva la función educativa como prédica moral y ética, cree más en la forma en que ésta se practique, que en los sistemas. «Las cosas no han de estudiarse en los sistemas que las dirigen; sino en la manera con que se aplican y en los resultados que producen. ¿La enseñanza?, ¿quién no lo sabe? es toda una obra de infinito amor. Las reformas son fecundas cuando penetran en el espíritu de los pueblos; y resbalan por sobre ellos, como la arena seca sobre las rocas inclinadas, cuando la rudeza, sensualidad o egoísmo del alma pública resisten el influjo de mejoras que sólo acata en forma y nombre».[139]

---

[138] *De la religión* (París, 1841), p. 125.
[139] Martí, op. cit., XI, p. 87.

Toda la doctrina romántico-social preconiza la educación del pueblo como vía para alcanzar su elevación social. Lamennais, especialmente fue un decidido partidario de la educación gratuita para todos y consideró esencial desarrollar en el niño los instintos elevados de la naturaleza, porque en ella está Dios y, consecuentemente, en ella se funda la existencia social: «L'essentiel est de développer chez l'enfant les instincts élevés de sa nature, sur lesquels se fonde l'existence sociale, le sentiment de la justice et de l'ordre, l'esprit de commisération».[140] Sobre todo en los pobres es imprescindible esta educación temprana, como un deber necesario de cumplir, «ce devoir subsiste même pour les plus pauvres dans les limites où il leur est possible de l'accomplir».[141]

Dentro de la crónica martiana se encuentran frecuentes referencias a los peligros de la niñez, especialmente en ciudades populosas como Nueva York. Martí está consciente de que la educación es la raíz del pueblo y hay que atenderla desde que empieza a germinar, o sea desde la infancia, para que con el ejemplo fecundo crezca una juventud moral y sana espiritualmente. Sabe que el bienestar económico para todos es frecuentemente difícil de lograr en la sociedad, pero sí quiere que se ofrezca educación general a los niños. Respalda la idea de la creación de *kindergartens* gratuitos, por medio de los cuales opina es posible engrandecer la nobleza del hombre. «Pan no se puede dar a todos los que lo han de menester, pero los pueblos que quieran salvarse han de preparar a sus hijos contra el crimen: en cada calle, un kindergarten: el hombre es noble, y tiende a lo mejor: el que conoce lo bello, y la moral que viene de él, no puede vivir luego sin moral y belleza: la infancia salva: una ciudad es culpable mientras no es toda ella una escuela».[142]

Para Martí el hombre nunca debe perder el contacto con la naturaleza universal de la que forma parte. En definitiva lo que es

---

[140] Poisson, op. cit., p. 340.

[141] Ibid., p. 340.

[142] Martí, op. cit., XII, p. 414.

importante en la enseñanza infantil es trazar como objetivo la elevación espiritual de la criatura humana:

> En vez de poner ante los ojos de los niños los elementos vivos de la tierra que pisan, los frutos que cría y las riquezas que guarda, los modos de fomentar aquellos y extraer éstas, la manera de librar su cuerpo en salud de los agentes e influencias que lo atacan, *y la hermosura y superior conjunto de las formas universales de la vida*, prendiendo así en el espíritu de los niños la poesía y la esperanza indispensables para llevar con virtud la faena humana, ¡Los atiborran en estas escuelas de límites de Estados e hileras de números, de datos de ortografía y definiciones de palabras! [subrayado nuestro][143]

Lo que básicamente recomienda Martí es que el hombre no pierda el contacto consigo mismo y con lo que le rodea. Sin duda tiene conciencia de la enajenación que es posible se produzca, por olvido de esta realidad, y por creer el hombre poder encontrar todas las respuestas en una enseñanza técnica o científica. La necesidad de este balance educativo en la formación del hombre será también advertido más tarde por José Enrique Rodó en su *Ariel*.[144]

En el análisis de la doctrina de Lamennais que hace Poisson, indica como el escritor francés se enfrenta al progreso del hombre como un medio de ampliar su horizonte para llegar en definitiva al conocimiento de la ciencia del bien y del mal. Para el crítico, mediante ese análisis, Lamennais llega a la aceptación de las ciencias en general. «Le lecteur de *l'Esquisse d'une Philosophie* aura de la peine á se convaincre que cette initiation á la science du bien et du mal correspond au développement *des sciences et au progrès en général*».[145]

El pensamiento martiano sobre la educación incluye igualmente la experiencia científica como medio general de conoci-

---

[143] Ibid., XI, p. 85.
[144] (Buenos Aires, 1966), et al.
[145] Poisson, op. cit., p. 391.

miento, pero sobre todo como vía de engrandecimiento moral. No se trata de una aceptación incondicional de la ciencia como solución de los males sociales, sino como un factor de crecimiento y de evolución del hombre, en su destino de progreso. Mediante el desarrollo de la inteligencia, tiene el ser humano mejores posibilidades de apartarse del mal y alcanzar de ese modo una vida espiritual superior. De ahí que Martí plantee la enseñanza científica como método, pero no como fin en sí misma. «Mas no habrá para pueblo alguno crecimiento verdadero, ni felicidad para los hombres, hasta que la enseñanza elemental no sea científica».[146]

A través de todas sus crónicas Martí enfatiza la necesidad de la elevación moral del hombre, aun confrontado con una sociedad, como la norteamericana, que venía haciendo grandes progresos en el orden de lo material y de lo práctico. Sobre todo en la enseñanza, es donde recomienda una orientación que no olvide los valores del espíritu, pues niega que sólo el progreso científico llegue a explicar la existencia del hombre. En su artículo dedicado a Bronson Alcott, manifiesta el contenido de su pensamiento. «El amor es el lazo de los hombres, el modo de enseñar y el centro del mundo. Lo que dijo Platón debe repetirse hasta que los hombres vivan conforme a su doctrina. Se debe enseñar conversando, como Sócrates, de aldea en aldea, de campo en campo, de casa en casa. La inteligencia no es más que medio hombre y no lo mejor de él; ¿Qué escuelas son éstas dónde sólo se educa la inteligencia?».[147]

El arte

De todos los elementos de la sociedad material, es en el arte donde se manifiesta más la espiritualidad del hombre, ya que tratándose de un proceso creativo, es el que lo acerca más a su naturaleza. Lamennais identifica a Dios con los principios de Verdad, Justicia y Amor, y a través de ellos establece la conexión por los

---

[146] Martí op. cit., IX, P. 446.

[147] Martí op. cit., XIII, p. 188.

cuales llega el hombre a Dios. El arte, como belleza, está identificado a la naturaleza y es, como todo, un aspecto de la concepción divina:

> L'homme a commencé á entrevoir, par une communication plus intime avec la nature, la mystérieuse lumière que émane de l'invisible essence et transforme la réalité tout entière en un sanctuaire harmonieux, le sentiment du Beau a pris naissance et s'est développé. A vrai dire, l'Art, comme la Science, est inséparable de la Religion; en effet, si l'une consiste á connaître et à comprendre ce «Temple de Dieu» qu'est la création, l'autre n'a d'autre but que de la reproduire, sous des conditions matérielles et sensibles.[148]

Martí, al tratar del Arte en sus crónicas, y considerarlo, al igual que Lamennais como belleza, lo identifica a la Naturaleza y en última instancia a Dios. En su extenso trabajo sobre Emerson, vierte su concepto sobre el arte, que en mucho lo acerca al filósofo americano, pero que tiene sus raíces en toda la concepción del liberalismo social, de la cual Lamennais es un exponente típico. Por ser creación, el arte se identifica con lo divino. «Así son una la verdad, que es la hermosura en el juicio; la bondad, que es la hermosura en los afectos; y la mera belleza, que es la hermosura en el arte. El arte no es más que la naturaleza creada por el hombre».[149]

También tiene el arte otra relación, en este caso directa con el grupo humano que la produce, en cuanto a su valor trascedente. Toda la doctrina romántico social se orienta hacia ese concepto de conciencia colectiva que refleja el desarrollo de la humanidad en sus sucesivas etapas. Hablando Lamennais del arte y de lo bello, precisamente ofrece esta idea de que el arte resulta del acervo que ponen colectivamente las distintas generaciones de hombres:

---

[148] Poisson, op. cit., ps. 348-349.

[149] Martí, op. cit., XIII, p. 25.

> Comme l'individu est lui-même l'expression du milieu social où il vit, que nul n'échappe à l'influence de tout ce qui constitue la société humaine à une époque déterminée, a l'influence des doctrines reçues, des croyances établies, de la civilisation, des mœurs, de la philosophie, de la religion, l'Art, chez les différents peuples, aux différents périodes de leur développement et du développement général de l'humanité, dont il représente les états successifs, éprouve des modifications profondes.[150]

Teniendo el arte categoría de creación, como resultado paulatino de la evolución social, no cabe admitir dentro del mismo, lo copiado. Martí, interpretando el proceso evolutivo social establecido por Lamennais, discute la originalidad o la improvisación en el arte y la literatura:

> El Arte, como la Literatura, ni se improvisa ni trasplanta; ni trasplantado, da buen fruto. Para ser poderoso, ha de ser genuino. En pintura, como en letras, sólo perdura lo directo. El Arte ha de madurar en el árbol, como la fruta. Se va haciendo despaciosamente, mediante la agrupación tenaz e indisoluble de los elementos nativos y distintos que, por los caracteres peculiares de la naturaleza o los productos condensados y resistentes de especiales direcciones del espíritu, constituyen al fin de larga vida el carácter nacional, que, como se sale el alma al rostro, en el Arte y en la literatura se reflejan.[151]

Dentro del movimiento romántico social no cabe la doctrina del Arte por el Arte. Lamennais, como muchos otros, veía una función social para el arte, pues de él debería derivarse un beneficio para todos. Por ser la expresión de la verdad lleva en sí implícita una utilidad, como lo analiza Poisson:

> L'Art ne saurait donc être une fin en soi. Ce qui l'a précédé, ce qui le suit, en est inséparable, et le Beau, qui implique nécessairement le Vrai, implique aussi l'utile; ... Au surplus, la multipli-

---

[150] *De l'art et du Beau* (París, 1864), Capítulo I.
[151] Martí, op. cit., X, ps. 228-229.

> cité des valeurs est incapable d'altérer l'unité substantielle de l'entre: l'utile est inséparable du Bien, comme le Beau est inséparable du Vrai, ou plutôt, il n'y a de réellement utile que la beauté véritable et la véritable bonté; mail ni l'une ni l'autre ne peut contenir en elle-même le principe qui lui permettre de subsister isolément.[152]

Igualmente, Martí niega también el Arte por el Arte y reconoce la utilidad de todas sus manifestaciones en el engrandecimiento espiritual de los hombres y de la sociedad. Aún se coloca en una posición todavía más avanzada, al establecer la obligación del artista de ponerse al servicio de la humanidad. Esta obligación nace de un deber, que según Martí, tiene todo hombre para con sus semejantes, y especialmente el artista, en cuanto a su talento: «el talento viene hecho, y trae consigo la obligación de servir con él al mundo, y no a nosotros, que no nos lo dimos. De modo que emplear en nuestro beneficio exclusivo lo que no es nuestro, es un robo. La cultura, por lo que el talento brilla, tampoco es nuestra por entero, ni podemos disponer de ella para nuestro bien, sino es principalmente de nuestra patria, que nos las dio, y de la humanidad, a quien heredamos».[153]

Por ser el arte una manifestación social, existe la tendencia durante la época, a considerarlo dentro de un contexto ético. En el análisis que hace Poisson de las doctrinas de la época encuentra este denominador común, y que conduce en Lamennais a la consideración del arte oratorio como la manifestación más elevada del arte, por la posibilidad de prédica moral que la actividad conlleva:

> On s'explique comment de semblables doctrines ont conduit Lamennais et plusieurs autres moralistes de son école placer *l'éloquence* au plus haut degré de l'échelle des arts. Puisque le Beau est un moyen nécessaire pour élever la pensée vers le Vrai et le cœur vers le Bien, il ne doit pas manquer d'avoir avant tout une

---

[152] Poisson, op. cit., ps. 359-360.
[153] Martí, op, cit., XII, ps. 43-44.

valeur éducative, et l'art oratoire, par son action plus directe sur la foule, est particulièrement susceptible de persuader, d'émouvoir et d'entraîner.[154]

Precisamente la intención moral es elemento que preside la crónica de Martí en lo ideológico, y que en este aspecto lo coloca dentro de las directrices del Romanticismo Social y de Lamennais. Siendo él mismo, en definitiva un apóstol y predicador de una doctrina, dará extraordinaria importancia al llamado arte oratorio. Analiza todo lo referente al mismo en su trabajo sobre el político americano Wendell Phillips, en quien ve rasgos destacados de este aspecto. Ensalzó más que nada su virtud y actitud que asociaba a lo artístico de la expresión: «No discutía: establecía. No argüía: flagelaba. Decía lo que era vil, y no se detenía a probar que lo era. Su frase era serena y elevada como su rostro; como él, elegante e impasible. Sus anatemas los lanzaba de segura y tranquila manera. Lo grandioso de la idea, lo acabado de la construcción, lo armonioso y cerrado de la frase, lo artístico, en suma, ningún otro orador norteamericano lo tuvo en mayor grado».[155]

Sin embargo, criticó acerbamente a los oradores que él califica de contemporáneos, y a todos sin excepción les señaló su falta de comunicación con el pueblo, que era consecuencia de una ausencia de sentimientos. El orador, como el predicador, debe basar toda su actuación en el servicio a los demás. «¿Qué tienen los oradores americanos de este tiempo, que ni sus nombres, ni sus discursos, salen afuera? ¡Ah! lo que tienen es, que el que se preocupa excesivamente de sí, es olvidado de los demás con justicia; y el que trabaja en pro del rincón de la tierra en que aprovechar y no de la tierra vasta humana en que sólo la conciencia se beneficia, no merece salir, y no saldrá, de su rincón de tierra. Sólo el amor penetra».[156]

---

[154] Poisson, op. cit., ps. 353-354. También Lamennais, *De la religion* (París, 1841), p. 115.

[155] Martí, op. cit., XIII, p. 70.

[156] Ibid., X, p. 149.

Los principios de la sociedad material

Es indiscutible el contenido humanitario del movimiento romántico Social francés, adonde en definitiva se orienta toda su ideología. Entre los tantos nombres de este periodo se destaca Lamennais, como ya se ha dicho, por ser un intérprete genuino del sentimiento religioso, social y político de la época. Ejerció indiscutible influencia en las masas y sobretodo en la elaboración ideológica que precedió a la Revolución de 1848 en Francia. Movimiento que surgió para recuperar en favor de las mismas el poder político y liberar el gobierno existente en ese país, renueva los principios de la Revolución Francesa de 1789. El mismo Lamennais se encarga de ponerlo de manifiesto, como base de su política, en un artículo publicado en 1849, en el periódico *La Reforme* el 24 de diciembre de 1849 «Liberté, Égalité, Fraternité, dogme aussi sacré pour le cœur que profond pour l'intelligence, base de nos croyances, tu dois être aussi la *base de notre politique*».[157]

En Martí resulta lógico establecer también los principios de la Revolución Francesa como los de la sociedad material. Medardo Vitier ve esos principios como parte de la tradición intelectual cubana, que formaron los maestros de Martí desde Luz y Caballero, y que condujeron a los movimientos revolucionarios de Cuba. «Las nuestras del 68 y del 95 venían acalorándose con los postulados de la *Declaración* francesa que era una cristalización del derecho natural».[158] Por otra parte, todos los críticos importantes de Martí ven esos postulados en la ideología del escritor, entre ellos Andrés Iduarte que lo expresa de la siguiente forma: «Martí es de cuerpo entero un liberal romántico. Tiene profunda fe en los grandes ideales de la Revolución Francesa, pero vive pendiente de los cambios que se operan en torno suyo, y se asoma sin susto hacia el futuro».[159]

---

[157] Poisson, op. cit., p. 332.

[158] *Las ideas y la filosofía en Cuba* (La Habana, 1970), ps. 167-168.

[159] *Martí escritor* (México, 1944), p. 308.

Para estudiarlos resulta aconsejable seguir el orden que dejó indicado Lamennais, no por la importancia de uno sobre otro, sino por reflejar la secuencia que en la sociedad tienen los mencionados principios. «L'égalité parce qu'elle est á la base des conceptions sociales de Lamennais et que, sans elle, il ne pourrait être logiquement question ni de liberté ni de fraternité».[160]

Igualdad

Dentro del movimiento romántico social la interpretación de la igualdad como principio social, es visto de diferentes maneras, Para algunas tendencias, ésta significa la socialización de los medios de producción y la eliminación de la propiedad privada. Ya se ha dicho cómo Lamennais se opuso a los socialistas radicales en muchos aspectos, y desde luego, no interpreta la igualdad como referida a la riqueza, ya que en su opinión tal cosa es absolutamente imposible debido a que el movimiento natural de la vida social le pone un obstáculo invencible. «Le mouvement mime de la vie sociale oppose un obstacle invincible a l'égalité des fortunes; établie le matin, le soir elle n'existerait plus . . ., et l'on ne doit pas s'en plaindre, car ce continuel effort de chacun, cet instinctif emploi de ses facultés pour augmenter son propre bien-être est une des conditions du bien-être général».[161]

Del examen de las crónicas de Martí sobre los Estados Unidos se colige que favorecía el establecimiento de la igualdad entre los hombres. Ya hemos visto que no fue partidario de los extremistas, llamáranse éstos socialistas o anarquistas, pues en definitiva atacaban a la propiedad privada, mas sí creía en el establecimiento de formas sociales que mejoraran la desigualdad exagerada en la posesión de la riqueza, «En vez de un estado social donde unos cuantos hombres excepcionales se levanten por sobre turbas cada día más infelices, ¿no es lícito procurar, con-

---

[160] Claude Carcopino, *Les doctrines sociales de Lamennais* (Ginebra, 1968), p. 73.

[161] *Le livre du peuple*, p. 164.

servando en su plenitud los estímulos y el arbitrio propio del hombre, un estado donde, distribuyendo equitativamente los productos naturales de la asociación, puedan los hombres que trabajen vivir con descanso y decoro de su labor?».[162]

Resulta obviamente opuesto a toda fórmula de «darwinismo social» por el cual sólo los más hábiles tenían derecho a la vida. Los antecedentes de su doctrina rechazan tal interpretación de la sociedad, aunque no se opone a la conservación de lo obtenido por el esfuerzo personal. Su prédica no es contra la propiedad, sino contra los procedimientos socialmente inmorales de acrecentarla por cualquier medio posible, «pues así como es gloria acumularla con un trabajo franco y brioso, así es prueba palpable de incapacidad y desvergüenza, y delito merecedor de pena escrita, el fomentarla por métodos violentos o escondidos, que deshonran a los que los emplean y corrompen la nación en que se practican».[163]

Desde luego que el terreno político se vuelve en definitiva el escenario de batalla de las desigualdades económicas. Lamennais vio la cuestión prácticamente, y llegó a la conclusión que el sufragio universal resultaba la única vía para conseguir la igualdad social entre los hombres a través de procedimientos políticos. Fue el artífice del derecho al voto para las masas, después de la Revolución de 1848. Poisson explica cómo a través da esa voto se garantizará la igualdad de los ciudadanos: «L'égalité? ... Elle trouvera dans le suffrage direct et universel sa réalisation pratique. Un des premiers dans le parti républicain, l'auteur du Livre du peuple se refuse é admettre ce dernier privilège de la fortune: la participation au gouvernement».[164]

Cree Martí que la forma efectiva de conseguir la igualdad política y los derechos que se derivan de la misma, resulta también del ejercicio del voto por parte del ciudadano. Este convencido de la democracia no sólo como sistema de gobierno sino

---

[162] Martí, op. cit., XI, p. 283.
[163] Ibid., IX, p. 426.
[164] Poisson, op. cit., p. 333.

que ve en el proceso de selección política ejemplaridad necesaria para electores y para elegidos: «el hombre que no vota en una república, es traidor a la república, traidor al hombre: donde no es ley aun el voto, porque no lo puede ser, es freno, es semilla; el voto, aun violado es útil, porque el que lo viola, queda tachado de ladrón».[165]

A través de su crónica examina como el voto es la verdadera garantía de igualdad social, y combate incesantemente el peligro de que este se corrompa, que es lo únicamente grave: «allí donde no hay un poder superior a otro, sino que no hay hombre que tenga, aunque el triunfo lo engrandezca y los dones naturales lo hermoseen, poder mayor que otro hombre: allí donde la blusa de cuadros de albañil puede tanto como la levita principesca del mercader, como la casaca del opulento petimetre, como el uniforme galoneado del general, como la túnica morada del arzobispo».[166]

En este derecho político es donde, para el escritor, reside el principio de igualdad social entre los hombres, y por eso Martí se preocupa esencialmente en la conservación de los ideales en la masa del pueblo. Más que en las estructuras políticas ve en esto la raíz de lo espiritual del proceso: «Ni en crear organizaciones nuevas de distritos está el remedio; sino en mejorar la masa votante. En nada menos está que en mudar en pletórico e inteligente el espíritu de una muchedumbre que de apetitos sabe más que de ideas, y no siente amor alguno por un pueblo que no es su patria, y al que, sin embargo, gobierna».[167]

Lamennais, enfrentado a la reforma constitucional en Francia en 1848, que facilitaría el voto a las masas a fin de que pudieran alcanzar la igualdad política y social, comprende que es necesario una educación, para que cada cual, sea rico o pobre, en justicia logre ejercer sus derechos. «La justice, sans laquelle ne règne aucun ordre véritable, inséparable de l'égalité, est le guide

---

[165] Martí, op. cit., XII, p. 247.
[166] Ibid., X, p. 123.
[167] Ibid., X, p. 43.

providentiel qui indique l'heure ou doivent s'opérer ces réformes indispensables: un jour, ce sera un système d'éducation gratuite qui permettra au pauvre comme au riche de développer librement ses facultés».[168]

La educación cívica del ciudadano es contemplada por Martí todavía de una manera más práctica, ya que no la limita a las escuelas, sino que la extiende a una actividad de apostolado para ser llevada a las comunidades donde residen las masas. Al tiempo que sugiere la creación de viviendas higiénicas en Nueva York, pone en evidencia como dar mayor importancia a la labor de catequización espiritual secular: «Envíense conversadores de alma sana por esos barrios bajos; regálense periódicos amenos, que no les enojen con pláticas sermoníacas de virtudes catecismales, sino que eleven la virtud invisible envuelta en las cosas que al pueblo interesan, de manera que no vean que está allí y sospechen que se la quieren imponer, porque entonces no la aceptarán».[169]

Naturalmente que la cuestión de la igualdad racial y los conflictos de discriminación, deben ser examinados separadamente, ya que envuelven algo que tiene que ver con la esencia misma del hombre y no sólo con su asociación con otros, Lamennais en su obra *De l'Absolutisme et de la liberté*, fundamenta la idea de igualdad racial sobre profundas bases religiosas:

> Le Christianisme posa pour principe fondamental de sa doctrine . . ., l'égalité des hommes devant Dieu, ou l'égalité de droit de tous les membres de la famille humaine. Le principe de l'égalité des hommes devant Dieu devait nécessairement en enfanter un autre qui n'en est que le développement ou plutôt l'application, à savoir: l'égalité des hommes entre eux ou l'égalité sociale. . . L'éga-

---

[168] *La Reforme* (París, 3 de noviembre de 1849), mencionado por Poisson, *Le romantisme social de Lamennais*, p. 335.

[169] Martí, op. cit., X, p. 60.

lité religieuse tend à produire, comme sa conséquence et son complément, l'égalité politique et civile.[170]

Evidentemente que en Martí su concepto sobre la igualdad de razas tiene su fundamento también en la esencia espiritual del hombre. Considera que todos los hombres son iguales, no obstante las diferencias externas, «Es una moda nueva, de barniz, suponer que los accidentes de educación y clima pueden alterar *la esencia de los hombres iguales en todas partes*, salvo lo que les pone o lo que no les ha puesto la vida acumulada de las generaciones» (subrayado nuestro).[171]

Esta esencialidad humana es única, aunque naturalmente es innegable la diversidad de razas. Se trata de una pluralidad de sujetos dentro de la universalidad total de la creación, como ocurre en cada elemento de la Naturaleza, y que no prueba otra cosa que la armonía universal. En el desarrollo que hace Lamennais de esta idea, ve inclusive la diferencia de lenguas, que desde épocas remotas muestran una manera diferente de pensar y que pudiera ser diversos centros de origen para el hombre, una manifestación distinta de la unidad del tipo humano. «Mais *cette variété de la race n'altère nullement l'unité essentielle du type*. L'homme est un, rigoureusement un, et, en vertu de leur commune nature, les hommes ne sont pas moins frères qu'ils ne le seraient par le lien de la génération charnelle».[172]

Martí se encuentra desde luego situado dentro de esta idea que entiende la diversidad como la mejor prueba de la armonía universal. Su filosofía sobre la diferencia de razas arranca de este principio, y precisamente apoya su pensamiento en las diferentes orientaciones que ve para cada raza. «Trae cada raza al mundo su mandato, y hay que dejar la vía libre a cada una, si no se ha de estorbar *la armonía del universo*, para que emplee su fuerza y

---

[170] «De l'absolutisme et de la liberté», *Oeuvres completes* (París, 1836-1837), XI, p. 168.

[171] Martí, op. cit., XIII, p. 318.

[172] *Esquisse d'une Philosophie* (París, 1840), IV, p. 425.

cumpla su obra, en todo el decoro y fruto de su natural independencia: «ni ¿quién cree que sin atraerse un castigo lógico pueda interrumpirse *la armonía espiritual* del mundo, cerrando el camino, so pretexto de una superioridad que no es más que grado en tiempo, a una de sus razas?» (subrayado nuestro).[173]

Dentro de la evolución general de la raza humana, necesariamente tenían que existir varias etapas, ya que en esto como en todo, la igualdad física o material absoluta es imposible. Para Lamennais estos distintos grados de desarrollo significarán aptitudes sin duda diferentes y explicables, «de sorte que, dans un groupe resté plus près de l'état natif, la génération produira des individus moins heureusement doués, privés des aptitudes naturelles aux individus de l'autre groupe, ayant d'autres propensions, d'autres aptitudes innées, une intelligence moins ouverte, un esprit moins actif, un sens moral moins délicat».[174]

Ante la educación del indio, Martí de una manera muy delicada recomienda un procedimiento diferente, pues está consciente de que este grupo social, por razones especiales, ha desarrollado habilidades distintas a las de una sociedad que trata de imponérsele. Sin que ello signifique discriminación ofensiva, quiere elevar la condición espiritual de este grupo humano, partiendo de las características que lo diferencian. «No la educación por textos —que es un almacenamiento de palabras que pesa luego en la cabeza para guiar bien las manos. Lo que es el campo que ha de cultivar, y lo que es él y el pueblo en que vive ha de enseñarse al indio. Que se entienda y admire: que sepa de política práctica, para que alcance lo conveniente del respeto mutuo; que conozca cómo está dispuesto el país, y cuáles son sus derechos de hombres a poseer y pensar en él, y el modo de ejercitarlos: que la escuela le enseñe a bastar su vida: escuela campesina para la gente del campo».[175]

---

[173] Martí, op. cit., XI, p. 72.

[174] *Esquisse d'une Philosophie*, II, p. 187.

[175] Martí, op. cit., X, p. 327.

Consecuentemente será la mezcla de razas lo que unirá a los hombres en un verdadero tipo común. Señala Lamennais cómo esta mezcla es el vehículo apropiado para atenuar las diferencias y conseguir un tipo definitivamente mejorado, ya que así se cumple el destino de unión inmanente en la creación: «que les différentes races ne constituent que des variétés d'un type commun qu'elles doivent toutes contribuer, par leur mélange, á réaliser d'une manière complète, et qui ne le sera qu'après leur fusion d'où résultera la grande et finale unité du genre humain».[176]

Cuando Martí juzga el proceso de «melting pot» que se produjo en los Estados Unidos como resultado de la inmigración masiva del siglo XIX, critica el procedimiento por violento, pero reconoce que la mezcla de razas es beneficiosa al progreso espiritual inevitable. «Pero este trance nuevo del hombre, del cual saldré, como de todos los suyos mejorado». Y explica cómo en realidad el mantenimiento de las diferencias separa artificialmente a los hombres: «razas, credos y lenguas se confunden, se mezclan los misteriosos ojos azules a los amenazantes ojos negros, bullen juntos el *plaid* escocés y el pañuelo italiano, se deshacen, licúan, y evaporan las diferencias falsas y tiránicas que han tenido apartados a los hombres».[177]

Libertad

En su estudio de la obra de Lamennais, Claude Carcopino señala cómo el aspecto de la libertad es quizás aquel con el cual el autor se encuentra más identificado, dado su carácter de rebelde activo contra toda clase de tiranía. Para el crítico la igualdad parece ser la base de sus ideas sociales y la libertad permite el acceso a ellas y a la fraternidad. «La liberté parce que c'est à elle qu'il s'est plus attaché, étant donné qu'elle correspondait à son tempérament ennemi de la contrainte, qu'elle conditionnait la possibilité d'accession aux deux autres et que les institutions politiques, sous le ré-

---

[176] *Esquisse d'une Philosophie*, II, p. 191.

[177] Martí, op. cit., XI, p. 172.

gime desquelles il vivait, lui paraissaient en être totalement dépourvues...»[178]

Todos los que de una manera u otra han analizado la trayectoria de Martí y de sus obras, han llegado a un convencimiento similar con respecto al autor cubano. Dentro de sus crónicas específicamente, es casi imposible encontrar un pasaje en que no haga mención a la libertad en sus distintos aspectos, Concede a este principio la categoría de esencia de la propia vida:

> Sin aire, la tierra muere. Sin libertad, como sin aire propio y esencial, nada vive. El pensamiento mismo, tan infatigable y expansivo, sin libertad se recoge afligido, como alma de una niña pura a la mirada de un deseador de oficio: o se pone albayalde y colorete, como un títere, y danza en el circo, entre el befador aplauso de la gente. Como el hueso al cuerpo humano, y el eje a una rueda, y el ala a un pájaro, y el aire al ala, —así es la Libertad la esencia de la vida. Cuanto sin ella se hace es imperfecto, mientras en mayor grado se la goce con más flor y con más fruto se vive. Es la condición ineludible de toda obra útil.[179]

Para Lamennais el concepto de libertad está ligado también a la idea del origen divino de la criatura humana, la cual es fundamento de toda su doctrina. Consecuentemente a través de la libertad el hombre resolverá necesariamente sus problemas sociales:

> ... et par cela même *le vrai droit divin* qui n'a d'autre caractère et d'autre expression que la *liberté*; et nous voici revenus á cette erreur qui consiste á voir dans la liberté un *but* et non plus seulement un *moyen*: et alors, ce sera «la liberté sans autres limites pour chacun que l'égale liberté d'autrui, *qui résoudra tous les problèmes sociaux*, constituera l'ordre véritable, ouvrira á chaque peuple, au genre humain, la voie par ou l'impulsion spontanée de

---

[178] Carcopino, op. cit., p. 73.

[179] Martí, op. cit., IX, p. 451.

ses secrétés puissances le guidera, voyageur immortel, vers le terme inconnu de ses destinées mystérieuses».[180]

De manera similar Martí contemplaba la universalidad de la libertad y la necesidad de que a través de la misma se intentara la solución de los problemas humanos. Ante el espectáculo de la sociedad americana, se sitúa a distancia para verlo con la perspectiva necesaria: «Hay que sentarse sobre el Universo, y verlo ir y venir, con sus fuerzas que se retuercen, abalanzan y rebotan, como las corrientes de los ríos, para dar juicio sobre este primer ensayo sincero de la libertad humana».[181]

Al igual que sucede con otros principios, la libertad está amenazada por una forma pasiva que es la indiferencia, y por fuerzas activas que llevan intrínsecamente su negación. En Lamennais el ejercicio de la libertad es lo que da existencia a la sociedad temporal, y ella se manifiesta a través de la expresión de la soberanía del pueblo: «Quant au *pouvoir* il appartiendra, dans la première, au corps tout entier, à l'individu collectif; dans la seconde, à toutes les pensées, à toutes les volontés, et à cette volonté générale qui domine toutes les autres. Enfin, *l'exercice* de cette souveraineté, bien plus théorique que concrète, reviendra au peuple, à la classe laborieuse dans la société temporelle».[182]

Este aspecto del ejercicio de la libertad preocupó mucho a Martí, y de continuo predicó la necesidad de vigilar la libertad con mucho cuidado, y no dejar que se transformara en sólo una fórmula sin sentido: «Lo que ha de hacerse es tener incesantemente la libertad en ejercicio».[183] Y luego agrega: «No hay nada más escurridizo y vidrioso que la libertad. Dama de gran valor, se enoja de que en un momento la descuiden. La libertad ha de ser una práctica constante para que no degenere en una

---

[180] Poisson, op. cit., ps. 133-134.

[181] Martí, ob. cit., XII, p. 154.

[182] Poisson, op. cit., ps, 132-133.

[183] Martí, op. cit., XII, p. 472.

fórmula banal».[184] Y más tarde: «El que deje de vigilarla merece perderla».[185]

Asimismo Lamennais, que respaldó la libertad de asociación de los obreros, cuando se opuso enérgicamente a todos los intentos de despotismo obrero o de anarquía, lo hizo por entender que en su esencia atentaban contra la propia libertad. «Mais abusés par les passions ils se forment une idée fausse de la liberté, et la cherchent où elle n'est pas, ils se jettent dans la servitude... La raison d'un seul substituée à la raison sociale, voilé le despotisme; l'absence de toute autorité ou de toute raison, voilé l'anarchie».[186]

De la misma manera contempla Martí el peligro de las asociaciones obreras en los Estados Unidos, queriendo implantar o el despotismo o la anarquía. Aunque simpatizó, como se ha dicho, con las uniones obreras, consideraba que ellas debían respeto a la libertad del individuo y de la nación: «nadie tiene el derecho de vivir en un país para perturbarlo; ni porque se recibe de un pueblo la libertad y el bienestar, la corona de hombre y la herencia acumulada de los siglos, hay razón para clavarle en el costado, como puñales, los odios de cuya ira se han hallado en el abrigo».[187]

Fraternidad

Todo el valor individual del hombre debe ser entendido necesariamente por su función dentro de la colectividad a la que debe estar supeditado, Realmente a través del medio social, es que el hombre puede extender su propia verdad. Así lo entiende Lamennais para quien no hay otra verdad en el hombre que la social: l'homme, en se repliant sur lui-méme, ne fera que s'éloigner

---

[184] Ibid., IX, p. 340.

[185] Ibid., XI, p. 465.

[186] «Mélanges religieux et philosophiques», *Oeuvres completes* (París, 1836-1837), VIII, p. 233.

[187] Martí, op. cit., XII, p. 340.

de la vérité qui n'est pas en lui mais hors de lui, car la vérité est *sociale*».[188]

Tan fundamental como la elevación del hombre, resulta en Martí, a través de sus crónicas, la prédica del engrandecimiento de la sociedad en que vive. La solidaridad humana es algo fundamental, y Martí siempre ve en el hombre más que un derecho, un deber con la sociedad. «Nada es un hombre en sí, y lo que es, lo pone en él su pueblo. En vano concede la Naturaleza a alguno de sus hijos cualidades privilegiadas; porque serán polvo y azote si no se hacen carne de su pueblo, mientras que si van con él, y le sirven de brazo y de voz, por él se verán encumbrados, como las flores que lleva en su cima una montaña».[189]

Dentro de la doctrina de Lamennais la sociedad es sólo un medio, y no un fin en sí misma. Ella tiene que servir de vehículo para el engrandecimiento total del hombre y de la Humanidad, que es lo que interesa en última instancia, «Ainsi la société n'est plus une fin mais un moyen: elle est le milieu où s'achève le perfectionnement individuel; nous avons intérêt à ce que tous vivent bien, pour vivre mieux nous-mêmes, et l'utilité sociale n'aura de sens que si elle coopère au développement de *ma* conscience moral».[190]

Esta especie de deuda que tiene cualquier grupo social con la Humanidad en general, para su engrandecimiento está visto de manera similar por Martí. En su opinión es necesario siempre evaluar la posibilidad social vista desde ese ángulo lo que hace al examinar la sociedad americana. «Cabe inquirir si este nuevo producto humano paga a la humanidad su derecho a existir, que consiste en exceder los males que puede causarle con las virtudes que le aporta, en retribuir, con un ente más feliz y perfecto, el capital de siglos que heredó al nacer, el caudal de experiencia y de dolor humano acumulado».[191]

---

[188] Poisson, op. cit., p. 245.

[189] Martí, op. cit., XIII, p. 34.

[190] Poisson, op. cit., p. 250.

[191] Martí, op. cit., XII, p. 154.

Considera el crítico Poisson la solidaridad como la columna vertebral del pensamiento social de Lamennais, junto con los principios de conservación y de unión a Dios. «Mais qu'est-ce que cette fraternité humaine sinon la troisième loi fondamentale qui avec les deux princes de conservation et d'union à Dieu constitue, nous l'avons dit, 'l'ossature' de la métaphysique sociale de Lamennais».[192] Martí en sus crónicas sobre los Estados Unidos confiesa asimismo el alto valor que otorga a la fraternidad humana para los pueblos y para el mundo: «Sobre las manos enlazadas de los hombres se levanta el mundo. El mundo no se cae en el vacío, porque lo sostiene un coro de hombres unidos por las manos».[193]

Hay un fundamento cristiano en el sentido de la solidaridad, tal como la entiende Lamennais. Para el escritor francés, su expresión es variada pero el motivo siempre se haya en la caridad, tal como lo indica en *Le livre du peuple*: «Respecter la vie, la liberté, la propriété d'autrui; aider autrui à conserver et à développer sa vie, sa liberté, sa propriété. Ces deux préceptes contiennent en substance les devoirs de justice et de charité».[194]

La misma interpretación cristiana es la que se encuentra en las crónicas de Martí, cuando desarrolla los distintos aspectos de esta fraternidad social. No concibe Martí el abuso de un hombre sobre otro o la opresión de un pueblo sobre otro pueblo, pues todos somos parte de la gran familia universal. «Da prenda de infamia el hombre que se goza en abatir a otro. Tiene su aristocracia el espíritu: y la forma aquellos que se regocijan con el crecimiento y la afirmación del hombre. El género humano no tiene más que una mejilla: ¡dondequiera que un hombre recibe un golpe en su mejilla, todos los demás hombres lo reciben!»[195]

No basta hacer lo que a uno le interesa, sino que debe acudirse en la ayuda del hermano tanto en lo material como en lo

---

[192] Poisson, op. cit., p. 253.
[193] Martí, op. cit., XII, p. 276.
[194] *Le livre du peuple*, p. 139.
[195] Martí, op. cit., X, p. 288.

espiritual:«. . . nadie tiene el derecho de dormir tranquilo mientras haya un solo hombre infeliz».[196] Y más adelante exclama: «¡Qué triste es ver a los hombres vencidos! Se entra en deseo de ser vencido, como ellos».[197] Hay también que ayudar a otros materialmente a disfrutar de un mínimo de comodidades. «Y en verdad, en verdad: mientras haya un hombre que duerma en el fango, ¿cómo debe haber otro que duerma en cama de oro? Séquense en las ciudades los barrios fétidos, échense a tierra las casas malsanas: levántense por los capitales desocupados, y dense a los pobres por bajo alquiler, o sin él cuando no pudieren pagarlo, casas limpias y gratas a los ojos, —que la bondad en mucha parte entra por ellos».[198]

La función del político

La acción política fue exaltada y sublimada por los románticos en Francia. Muchos intelectuales sensibles, entre ellos Víctor Hugo, se sintieron arrastrados por una corriente en la cual el desempeño de una función pública, llevaba aparejado un sentimiento de realización de una actividad apostólica o profética, en favor de las masas oprimidas y en la salvación del alma de los pueblos.

Ocupa ciertamente el político una posición especial en esta concepción dual de la sociedad, pues reúne en su actividad tanto lo material, como los intereses espirituales de la colectividad humana. Situado el gobernante en la posición clave de la organización social, resulta un guía a la par que un administrador de intereses. Lamennais reconoce el poder político dentro de la organización de la sociedad material, como una de sus partes integrantes. De esa forma, la política resulta también una realidad, y la única diferencia es que la misma se asienta sobre verdades contingentes y no verdades inmutables, que son las que fundamentan la sociedad espiritual:

---

[196] Ibid., XI, p. 171.

[197] Ibid., X, p. 121.

[198] Ibid., X, p. 146.

> La société *politique* atteste les vérités contingentes ou les faits sur lesquels elle repose, ses institutions, ses lois, etc; et son témoignage, expression de la raison générale, est certain.
>
> La société *spirituelle* atteste les vérités immutables sur lesquelles elle repose, des dogmes, ses préceptes, etc; est son témoignage, expression de la raison générale est certain.[199]

Para Martí la actividad política es también sumamente importante con relación al destino humano, observando la misma diferencia en cuanto a la sociedad política y la espiritual: «El deber es absoluto, pero la política es relativa».[200] En su opinión la función política es hermosa, ya que seguramente forma parte de la razón general y de la verdad social, sobre todo cuando la asocia a los principios del dolor y el sacrificio que son de orden espiritual. «La política es bella, aunque parezca fea por lo que se le entra del interés inevitable; y su beldad está en la fatiga *difícil y dolorosa* de los hombres de virtud por tener la república a salvo de los que negocian con la santidad de sus oficios» (subrayado nuestro).[201]

Para el escritor, el ejercicio del deber público es un medio de superación del hombre. Destaca la diferencia de la actividad política desplegada por aquellos iluminados espiritualmente, de aquellos otros que sólo consideran el aspecto material de la misma y la convierten en oficio. «La política es un sacerdocio cuando empujan a ella gran peligro patrio, o alma grande. Hay criaturas que se salen de sí, y rebosan de amor, y necesitan darse, y traen a la tierra una espada invisible siempre alta en la mano, que enciende con su fulgor los campos de batalla, mientras viven, y cuando caen en tierra cubiertas de toda su armadura, vuelan cual

---

[199] «Essai sur l'indifférence en matière religieuse», *Oeuvres completes* (1836-1837), II, p. 202.
[200] Martí, op. cit., X, p. 57.
[201] Ibid., XII, p, 471.

llama azul, al sol. Pero suele ser villanía la política, cuando decae a oficio».[202]

Se ha visto cómo el juicio de Martí sobre la actividad de las políticos en Estados Unidos, fue bastante negativo. Sobretodo fustigó la corrupción y el desprecio que tenían de la voluntad popular. Ahora bien, su actitud crítica no llevaba a Martí a considerar esa situación como permanente, pues en muchas ocasiones indicó la posibilidad de cambio. Siendo la política, para él, una actividad social, estaba sometida a un proceso evolutivo de superación, como todas las cosas en la vida. Para Lamennais se trata de una ascensión a un nivel social superior y eventualmente perfecto, «Un ordre social imparfait ne saurait subsister indéfiniment; il sera nécessairement remplacé par un autre moins imparfait, jusqu'à ce que —après une série de transformations successives— se trouve réalisé l'idéal de perfection que le Créateur a assigné à son œuvre».[203]

Martí, en lo político, también está convencido de las mismas leyes de perfeccionamiento universal. Precisamente hace referencia a esas ocasiones en que la política americana se vio renovada, por el aliento de nuevos apóstoles. Por lo tanto, no importa cuán corrompida sea la situación contemplada en un momento dado, de ella misma saldrán las soluciones que darán al traste con los sistemas que se oponen a esa ley de progreso, «Las leyes de la política son idénticas a las leyes de la naturaleza, Igual es el Universo moral al Universo material... Cuando era ver, en el espíritu del Gobierno, la usurpación y el desenfado, y el ímpetu de arremeter, so manto de libertad, contra la esencia de ella en el país y fuera de él... surgió, como por magia en cada lengua un remedio, se levantó, como contra la esclavitud, en cada púlpito un apóstol».[204]

Acomodar el Universo material, de la política al Universo espiritual es la labor del gobernante, ya que en definitiva la socie-

---

[202] Ibid., IX, p. 355.
[203] Poisson, op. cit., ps. 393-394.
[204] Martí, op. cit., X, p. 197.

dad real resulta de la unión de las dos. Lamennais se refiere a esta labor del político, en el ideal de unión expresado: «la Société est une at que la souveraineté temporelle n'est autre chose que le devoir, imposé à la force prépondérante, de maintenir la société spirituelle, seule vraie société, en soumettant les forces rebelles aux commandements de Dieu, dont elle est, dès lors, *le ministre pour le bien*, comme parle l'Apôtre».[205]

Se ve en Martí, sino la misma intención religiosa de Lamennais, al menos el reconocimiento de la elevación espiritual que conlleva la actividad política, que según él es «el arte de ir levantando hasta la justicia la humanidad injusta; de conciliar la fiera egoísta con el ángel generoso; de favorecer y de armonizar para el bien general, y con miras a la virtud, los intereses».[206] Se verá cómo su esquema del político ideal se ajustará a este propósito.

Teniendo mucho de espiritual la labor del político, su primera virtud será la de saber dominar sus pasiones. Los hombres predestinados, en los que la pasión se une a la virtud, no se encuentran frecuentemente en la vida, y por eso Martí reconoce que en política «el que al fin triunfa, no es el que enciende y desata las pasiones, sino el que sabe reprimirlas».[207] Y en otra ocasión afirma «En plegar y moldear está el arte político. Sólo en las ideas esenciales de dignidad y libertad se debe ser espinudo, como un erizo, y recto como un pino».[208]

Pero como la política es una actividad humana, imaginó el escritor que las riendas del gobierno debían estar en manos de aquellos que conocieran la realidad dual del hombre, para ser usadas en su beneficio. El egoísmo político resulta igualmente un pecado contra la Sociedad, como el egoísmo individual. «Sin las cualidades del hombre, en quien la maldad debe existir como en el pan la levadura, nadie intente gobernar a los hombres, ni ejerza

---

[205] Poisson, op, cit., p. 92.

[206] Martí, op. cit., XII, p. 57.

[207] Ibid., XI, p. 233.

[208] Ibid., X, p. 250.

en ellos importante influjo; pero quien emplea su conocimiento humano para reducirlo a su servicio, y no para servirle, más culpable es mientras más hábil sea, y debe ser mirado por la nación como enemigo público».[209]

El ejercicio político es para Martí, una función difícil, pues se trata de establecer un equilibrio muy delicado entre la virtud y el interés. No niega la existencia de estos intereses sociales sin los que no tiene sentido la política, y a la solución de los cuales debe encaminarse toda idea productiva: «En política no hay idea viva si no tiene debajo un interés. La virtud es estéril, en política, hasta que los negociantes no toman en ella acciones».[210]

Como se ha mencionado, tanto la sociedad material como la espiritual están, en opinión de Martí, en constante cambio o evolución, y por tanto, a los dirigentes políticos corresponde percatarse y ser sensibles a los movimientos a veces imperceptibles de la misma. El desempeño de la función depende en gran medida de esta visión de progreso a que seguramente se encamina la sociedad en su conjunto.

Ahora bien, también es necesario para el político mantener los pies en la tierra, es decir no perder de vista lo que está pasando a su alrededor. Esta doble posibilidad, a la vez ideal y material, es la que Martí llama visión hipermétrope en el político: «tal es la diferencia que va de los hombres de Estado a los políticos de oficio: éstos son miopes: aquellos son présbitas. Hipermétrope parece que llaman a los que combinan los dos defectos, que en política son dos cualidades: en política se debe ser hipermétrope».[211]

Sin duda para Martí no hay oficio más arduo que el del político. Además de tener que acomodar ideas e intereses debe mantener un equilibrio interior de sus pasiones. A todo esto hay que agregar el respecto a la soberanía del pueblo, ya que de hecho la organización material que Martí imagina es la democrática, en la

---

[209] Ibid., XI, p. 410.
[210] Ibid., XI, p. 468.
[211] Ibid., X, p. 247.

cual el dirigente es sólo un servidor de la voluntad popular, y por lo tanto ha de responder a las reacciones del pueblo.

Debe recordarse que Lamennais fue un ardiente defensor de las masas populares y del derecho de éstas a la soberanía, principios que inspiraron su acción política. En opinión de Poisson, esta actitud del escritor francés, refleja su convencimiento de que en el pueblo reside el futuro del destino humano. «Ce sera, nous nous en doutons bien, le *peuple* lui-même, dont il constitue la plus grande partie puisque c'est lui qui seul a la secret de ces lois éternelles qui président aux destinées humaines».[212]

Martí considera que hay en el político un deber de obediencia a esa soberanía popular, por residir en ella el destino espiritual de la Humanidad. Aunque expresó su admiración por el presidente Cleveland como político, no dejó escapar la oportunidad de criticarlo en un acto en que consideró había actuado desoyendo la opinión pública. «¿Cómo, por desarrollo desmedido del concepto de sí, que es dejo venenoso del poder, creyó que en un acto grave en que tiene derecho a ser oída la Nación, podía sustituirse a ella? Véase cómo la virtud tiene sus defectos, y cómo en un gobernante el acto de virtud mayor es su modesto y constante acatamiento a la suprema autoridad de su república: ¡El oficio es guiar, no sustituirse!».[213]

---

[212] Poisson, op. cit., p. 125.

[213] Martí, op. cit., XI, p. 200.

SECCIÓN IV

Esquema de la sociedad espiritual

Resulta factible deducir que el pensamiento martiano, tal como aparece en las Crónicas sobre los Estados Unidos muestra un significativo énfasis en el aspecto espiritual ya sea pertinente a individuos como a la sociedad en general. Es cierto que algunos estudiosos de la ideología de Martí se han percatado de que la prosa del escritor cubano contiene ciertas modalidades estilísticas que han identificado como «futurismo», «armonismo», «espiritualidad» y «religiosidad», que ciertamente la caracterizan. Aunque algunos han tratado de explicar esas modalidades señalando vagas influencias de profesores y mentores durante su juventud en Cuba o supuestas afinidades con la ideología krausista, en ningún caso se ha establecido de una manera categórica como esas características representan la esencia del pensamiento martiano.

En la sección que dedicamos a la formación intelectual de Martí explicamos que la posible influencia del krausismo en Martí no es aceptable y señalamos que efectivamente existía una influencia importante de sus profesores y mentores en Cuba, que incluía la posibilidad de lecturas sobre Lamennais y el Romanticismo Social las cuales, sin duda, asimiló como parte de su enseñanza. Como prueba evidencial de la probable influencia ideológica y estilística de Lamennais en Martí incluimos un análisis pormenorizado de las afinidades y coincidencias de su primer libro, *El presidio político en Cuba* con otro similar del pensador francés.

Además, como hemos venido enfatizando en este estudio, Lamennais siguió interesando a Martí debido a su ideología romántico social que se distinguió por la importancia que otorgaba a lo espiritual, aspecto que la diferenciaba de la mayoría de las tendencias de la época, más inclinadas a la búsqueda de soluciones a través de un progreso económico y científico o por medio de cambios sociales radicales a través de movimientos revolucionarios. La siguiente cita de Jacques Poisson en su estudio sobre Lamennais configura, en nuestra opinión, la esencia del pensamiento martiano cuando establece, de forma categórica, la importancia de la espiritualidad y el único instrumento ideológico para conseguir la elevación del hombre y las sociedades hacia su perfeccionamiento:

> Mais il est un mérite dont il faut lui savoir gré, c'est devoir eu le courage de opposer a la conception matérialiste du progrès une conception plus pure, peut-être plus juste, qui recherche la source de tout perfectionnement, non pas seulement dans les découvertes de la science, dans l'extension de l'industrie, dans la multiplication des commodités et des agréments de la vie, mais plutôt dans l'ascension de l'esprit vers l'éternelle Vérité, dans ('effort delà volonté vers l'éternelle Justice, et dans ce besoin qu'ont les cœurs d'un amour qui n'a point de limites.[214]

Como hemos indicado previamente, el pensamiento de Martí expresado en las crónicas se identifica también con la idea que Lamennais destaca en sus escritos con respecto a la existencia de dos sociedades, una «material» y la otra «espiritual». Habiendo ya analizado los componentes de la «sociedad material», vamos a continuación a exponer los principios que rigen la «sociedad espiritual», que identificaremos con postulados similares que aparecen en los estudios realizados sobre la ideología de Lamennais.

El esquema de la «sociedad espiritual» que vamos a analizar incluye una explicación del concepto ideológico de Humanidad, seguido de un análisis de los principios en que se basa la espiritualidad que, como hemos dicho, es el aspecto más importante en la identificación ideológica de Martí con Lamennais. Estamos convencidos que este esquema contribuye de una manera convincente, a esclarecer las fuentes ideológicas de donde se originan

---

[214] Jacques Poisson, *Le romantisme social de Lamennais* (París, 1931), p. 399.

«el futurismo», «el armonismo», la «espiritualidad» y la «religiosidad» que muchos estudiosos han comentado como características fundamentales de la prosa martiana.

Concepto de Humanidad

Martí cree en la espiritualidad del hombre, como también en la existencia de un «alma colectiva» que será la esencia de la sociedad espiritual. El concepto de Humanidad implica un organismo con una realidad superior a la simple suma de todos los hombres considerados en conjunto, y con derechos también superiores a la realidad y derechos del individuo. Toda la doctrina social de la época está caracterizada por esta idea, que se expresa en las distintas tendencias, las cuales utilizan el vocablo Humanidad, para identificar todo el género humano hermanado en el mismo destino.

La doctrina romántico-social, en sus diversas manifestaciones, desarrolló el concepto de Humanidad, más o menos con la misma intención, y en ese sentido surgieron las «religiones de la humanidad», el «ideal de la humanidad», los «catecismos humanitarios», etc. Desde Saint-Simon en Francia, pasando por Leroux, Lamennais y otros, hasta llegar a los krausistas en España, es posible encontrar una interpretación religiosa, en el sentido apuntado, de la sociedad. Martí se sitúa dentro de la misma línea, y por tanto corresponde colocar su pensamiento asociado a esta corriente ideológica del siglo XIX, sobre todo por su acercamiento a Lamennais.

Ante la realidad americana de la época, Martí está constantemente preocupado por el destino espiritual del grupo social, y sus críticas van dirigidas a todo aquello que puede perturbar esa estabilidad espiritual, necesaria en todo cuerpo social. Le interesa más esa realidad colectiva, en su dimensión total antes explicada, que los hombres considerados individualmente. Siempre la figura individual está contemplada dentro de una dimensión social, y generalmente enfoca su atención sobre aquellos hombres influyentes, cuya actuación beneficia o perjudica el destino espiritual de la Humanidad. Los méritos de quienes merecieron su especial atención, como en el caso de algunos grandes hombres, están expuestos dentro de esa intención espiritual que tiene un acento religioso, aunque se trate de una religión secular que se aproxima al panteísmo. Tanto los defectos o bajezas del asesino de Garfield, Guiteau, como los del político republicano Blaine, son aquilatados por Martí en cuanto al efecto de sus acciones dentro de la sociedad espiritual.

Integrado con este concepto de Humanidad, existe otro que también corresponde a una tendencia dominante de la época: la que exaltaba el ideal de progreso. Todo el movimiento romántico-social y las demás doctrinas socio-religiosas de este periodo, conjugaban este ideal de progreso con el destino final del hombre. Este progreso tiene una dimensión totalmente espiritual y nada tiene que ver con una supuesta «ley de supervivencia del más fuerte». Kingsley Martin en su libro, *The Rise of the French Libera Thought*, se refiere a esta idea del siglo XIX, muchas veces mal comprendida, y que tiene su origen en Condorcet:

> Progress was the religion of the nineteenth century, just as Catholicism was of the Middle Ages. In both a great gulf was fixed between practice and precept. But if men confused progress with magnification and acceleration it was no more the fault of Condorcet and his allies than the degeneration of Medieval Church was the fault of Agustine.[215]

Debe aclararse que aunque el concepto de progreso es semejante en todos los pensadores del siglo, existen diferencias sustanciales entre ellos. Una tendencia se apoyaba en las ideas de los llamados *filósofos* del siglo XVIII, que creían que el progreso estaba unido al racionalismo y a la acción política, y la otra estaba ubicada en la línea de los filósofos alemanes, como Hegel, que veía el progreso menos como un proceso social que como un movimiento intelectual hacia la realización de lo Absoluto.

---

[215] (Nueva York, 1954), p. 298.

El desenvolvimiento de la idea que culmina en Hegel, se puede trazar desde Lessing, pasando por Herder y Kant, quien ve el progreso como el resultado de una obediencia a una ley moral. De ahí que la idea del progreso en la historia significaba para todos la existencia de un fin ulterior, pero para unos este fin era metafísico, de acuerdo con la tendencia alemana, o sociológica, para los que se situaban dentro de la concepción de los *filósofos* franceses.

Tomando en cuenta esta distinción, Lamennais debe ser ubicado en la línea espiritualista de Hegel, lo cual lo distingue en este aspecto de Saint Simon y Comte, que creían que las leyes del progreso podrían deducirse de un estudio empírico. En la opinión de D. G. Charlton, Lamennais y otros católicos rechazan esta idea, y basan las leyes del progreso en una deducción de la naturaleza de la razón, «It is noteworthy that many Christians of the age concurred in several at least of these ideas. Traditionalist Catholics like Bonald, Maistre and Lamennais in his *Essai sur l'indifference* totally rejected the notion of progress held by the *philosophes*».[216]

Mucho del optimismo de Martí, que en su esencia es de inspiración romántico-social, radica en los dos conceptos de contenido espiritual de Humanidad y de progreso. Frecuentemente observó la miseria individual, pero se consoló con la grandeza colectiva: «Los hombres uno a uno son tristes, pero en conjunto admiran».[217] No hay duda que en definitiva contemplaba la belleza espiritual de la Humanidad y confiaba en la posibilidad del progreso, como una condición divina, y que como crítico se ve obligado a declarar:

> El hombre es feo, pero la humanidad es hermosa. La humanidad es alegre, paciente y buena.
>
> Y no sería ahora, tiempo de brumas y rachas, la ocasión más propicia para conocer su bondad, si no fuera deber de aquella cri-

---

[216] *Secular Religions in France* (1815-1870), (Londres, 1963), p. 176.

[217] Martí, op. cit., X, p. 148. 75).

tica superior, que es la única fecunda, prescindir de lo que la apariencia externa y el ambiente pintoresco pone en el hombre, y, sin ceder al influjo del estío benévolo o el invierno pesimista, notar como, así como en lo animal salva al hombre de la epidemia la misma sustancia que la produce, así de sus llagas morales, estiércol del camino que se convierte en mariposa, surge el remedio que las cura.[218]

Claude Carcopino en su estudio sobre Lamennais, se refiere también al concepto de Humanidad y Progreso en el escritor francés, que resulta semejante al elaborado por Martí. Él también ve las imperfecciones ocasionales, pero la Humanidad vista como un ideal, está orientada hacia un destino superior y perfecto. Al igual que en Martí, la visión final de Lamennais resulta optimista, pues el aparente retroceso de un momento dado, será desde luego superado en el futuro: «Le présent est rude, il est vrai, mais l'avenir est devant nous et vous marchons soutenus par une inébranlable foi dans les lois éternelles de l'ordre, guidés par cette espérance dont les lueurs mystérieuses éclairent la route ou, depuis tant de siècles, s'avance le genre humain».[219]

Lamennais se aparta de la doctrina tradicional rousseauniana en cuanto a la bondad intrínseca del individuo y de su corrupción por la sociedad. Por el contrario coloca al conjunto social, o sea a la Humanidad, a un nivel espiritual y con un destino final, superior. Poisson menciona esta diferencia en su análisis de la doctrina de Lamennais: «Le voici enfin tout disposé á se représenter, non point, comme Rousseau, des hommes naturellement bons corrompus par la société, mais une société naturellement bonne, corrompe par quelques hommes».[220]

Una actitud análoga se descubre en Martí, quien desconfiaba del hombre individual, pero creía en la existencia de una unión espiritual entre los hombres, para garantizar el verdadero progre-

---

[218] Ibid., XI, ps. 383-384.

[219] Claude Carcopino, *Les doctrines sociales de Lamennais* (Ginebra, 1968), p. 47.

[220] Poisson, op. cit., p. 403.

so de la Humanidad. Ante el espectáculo de la sociedad americana, nos da su opinión en cuanto a la necesidad de que estos lazos no sean exclusivamente materiales: «Es necesario que se unan por algo más durable. Es indispensable crear en los espíritus aislados una atmósfera común. Es indispensable alimentar la luz, y achicar la bestia».[221]

Esta idea de la unión espiritual, previa e indispensable a la unión social, es decididamente religiosa y tiene su origen en algunas de las doctrinas del Romanticismo Social. Por ejemplo, Lamennais expresa que este lazo espiritual es el fundamento necesario de todo gobierno, de toda política y de todo orden, y que el mismo consiste en una serie de creencias comunes que convierten la sociedad en un contrato fundamentalmente espiritual. Poisson se refiere a este aspecto cuando dice en su obra sobre Lamennais: «Cette affirmation aura toujours pour Lamennais la valeur d'un axiome que nous pourrions résumer ainsi: "un contrat" spirituel mais *réel* précède toute activité sociale; avant les *faits* sociaux, il y a les *liens* sociaux».[222]

Se distancia así de la idea rousseauniana del Contrato Social, y de la función de la religión dentro de la organización social. Para Rousseau, el culto religioso no presenta ninguna utilidad social y lo considera independiente en sí mismo. La diferencia tiene su raíz en la distinta concepción religiosa, como ha señalado Poisson: «Dans celle de Rousseau, le culte ne présente aucune utilité, il peut même être nuisible. Dans celle de Lamennais, il à un intérêt *social*, il frappe les esprits, il favorise l'art. Pour Jean-Jacques, point de révélation. Pour Féli, un acquiescement interne, *la foi, sur laquelle la raison fragile est forcée de s'appuyer*».[223]

Ese contrato espiritual es el fundamento de la sociedad, pero además es el motor de la Humanidad en su progreso. Martí en sus crónicas siempre lanza su prédica hacia ese objetivo espiritual

---

[221] Martí, op. cit., X, p. 375.
[222] Poisson, op. cit., p. 87.
[223] Ibid., p. 54.

y considera que a él deben prestar atención los políticos, los hombres de negocios, todos los que tengan que ver con la cosa pública. Constantemente le preocupa esta superación espiritual, que para él es la base de todo progreso concertado en esa dirección: «Un pueblo no es un conjunto de ruedas; ni una carrera de caballos locos, sino un paso más dado *hacia arriba* por un concierto de verdaderos hombres» (subrayado nuestro).[224]

Este aspecto fundamental es uno de los que más aproxima a Martí con Lamennais y es esencial, ya que de él partirá su visión del hombre y de la sociedad en su conjunto. Toda la actividad humana y social tiene que ver con un movimiento de ascensión, en concordancia con una armonía universal que es el resultado de la creación divina. Ya se ha examinado como tanto esa concepción armónica cómo la idea del progreso espiritual son básicas en Martí. En este respecto coincide con Lamennais, quien afirma:

> Tout vit de mouvement et par le mouvement, tout croit, tout se développe, et l'homme et le monde et l'univers entier; *éternelle ascension de ce qui est vers le principe de tout ce qui est...* Est-ce que l'enseignement de l'Esprit n'est pas perpétuel? Est-ce qu'il ne soulève pas peu à peu le voile qui recouvre les choses? Est-ce qu'on nierait le progrès? Et le progrès s'étend a tout, car tout se tient, tout dans l'humanité se produit et subsiste sous la condition d'une dépendance mutuelle.[225]

Martí está consciente de que en el proceso de ascensión hay envuelta una idea de evolución, que intrínsecamente implica cambios. En su examen de la sociedad americana, concibe el proceso dentro de una universalidad relacionada con la actividad que él considera de toda la humanidad, en una época que frecuentemente califica de elaboración o creación: «El siglo último fue del derrumbe del mundo antiguo; éste el de la elaboración del mundo nuevo».[226] Contemplando las dificultades y problemas de la so-

---

[224] Martí, op. cit., X, p. 376.
[225] *Les Evangiles* (París, 1846), p. 412.
[226] Martí, op. cit., XIII, p. 199.

ciedad americana de la época, ve en ellas un beneficio para todos los demás pueblos de la tierra, como consecuencia de la unión espiritual de todos: «Tal parece que en los Estados Unidos han de plantearse y resolverse todos los problemas que interesan y confunden al linaje humano, que el ejercicio libre de la razón va a ahorrar a los hombres mucho tiempo de miseria y de duda, y que al fin del siglo diecinueve dejará en el cenit el sol que alboreó a fines del dieciocho entre caños de sangre, nubes de palabras y ruido de cabezas».[227]

A través del juicio de Martí con respeto a diversos aspectos de la sociedad americana, se colige que su idea con respecto a los cambios y al progreso está supeditada a una acción natural de dependencia mutua y no mediante soluciones extremas que rompan el ritmo natural de la evolución de la humanidad hacia una meta mejor. Lamennais, a diferencia de otros reformadores sociales de su época, fue un opositor ideológico a las revoluciones y a los cambios bruscos por medio de la violencia, ya que tal cosa destruía la necesaria armonía. Según afirma su crítico Poisson: «En réalité, les vrais révolutionnaires, ce sont ceux qui creusent un fossé profond devant une nation en marche, ces 'conservateurs' qui, 'voulant immobiliser la société et l'enfermer dans le passé comme dans un corselet de fer', sont la cause véritable de toutes les guerres civiles».[228]

La oposición de Martí a las actividades subversivas y a la violencia obrera en los Estados Unidos, se sustenta en el mismo principio de contradicción a la ley natural de los pueblos. Condenó enérgicamente a los socialistas y anarquistas porque interrumpían lo que él consideraba un proceso armónico universal, según claramente lo dice: «No comprenden que ellos son meras ruedas del engranaje social, y hay que cambiar, para que ellas cambien, todo el engranaje. El jabalí perseguido no oye la música del aire

---

[227] Ibid., XI, p. 144.
[228] Poisson, op. cit., p. 395.

alegre, *ni el canto del universo, ni el andar grandioso de la fábrica cósmica*»(subrayado nuestro).[229]

No es que Martí niegue la lucha social para lograr un mejoramiento material, cosa que siempre apoyó, sino los procedimientos radicales. por el contrario, para el escritor, la vida individual tanto del trabajador, como del político, del artista, como del hombre común, es lucha, es superación hacia un destino superior y contra el mal que no admite descanso, pero hay que hacerlo con la verdad, que es sinónimo de bondad y belleza, «porque el partido, como el hombre político, que no pone pronto en palabras la verdad que está en el aire, queda como el soldado que deja caer el arma delante del enemigo. La vida es un asalto. Y se puede dormir; pero sobre la trinchera. Volver la cabeza atrás siquiera para recordar, es empezar a morir».[230]

Al igual que en Martí, en Lamennais la idea del mejoramiento está sustentada en la necesidad de una lucha espiritual contra las fuerzas del materialismo. Poisson así lo expone al referirse al tratado publicado por el escritor francés bajo el título de *Du Passé et de l'Avenir du Peuple*, «où il prétend formuler, non plus dans le style philosophique, mais dans la langue la plus simple, sa théorie spiritualiste du progrès social. En fait, il reste encore dans son exposé des obscurités, de la confusion: il n'est pas toujours á la hauteur du noble dessein qu'il a conçu, mais son mérite est d'avoir lutté contre les assauts d'un matérialisme envahissant».[231]

Cintio Vitier se ha referido a algo que denominó «futuridad» en Martí, como elemento imprescindible para entender sus crónicas y toda su obra. Para el crítico este sentido de futuro está presente en toda la ideología martiana, como una especie de advenimiento o de apertura de nuevos horizontes, que coincide con el concepto espiritual de la vida y de la sociedad: «Pero la futuridad en Martí no la hallamos sólo en sus ideas y visiones, sino

---

[229] Martí, op. cit., XI, p. 338.
[230] Ibid., XII, p. 258.
[231] Poisson, op. cit., ps. 396-397.

también en su ser mismo. Realícense o no las síntesis históricas, filosóficas y religiosas anunciadas por él, hay siempre en su figura un dinamismo intrínseco que pertenece a la dimensión de la esperanza, una irrupción ontológica del futuro que está en la calidad misma de su temperamento y su palabra».[232]

Este dinamismo hacia el futuro que ve Vitier tiene su fundamento en la idea de progreso de la Humanidad, y en la confianza que Martí tiene en la reserva espiritual que existe en todos los pueblos. En ella se encuentra la explicación cuando profetiza cómo los Estados Unidos conseguirán superar los factores negativos que dificultan o retardan su progreso natural: «sucede siempre que cuando parece que un peligro es inminente, o que una institución está ya profanada sin remedio, o que un vicio se ha comido un lado de la Nación, surgen, sin gran aparato, y cuando el mal tiene aún cura, los hombres y sistemas que han de evitar sus estragos».[233]

Aunque Martí cree en los grandes hombres, que contribuyen con su ejemplo, y resultan los guías espirituales de la Nación, también considera que los hombres comunes, o llanos, como él los llama, son la raíz y la esencia de todos los pueblos. En ellos, más que en nadie confía, pues es en el pueblo que fragua, que pule, donde residen los verdaderos de donde surgirán los otros: «Por fortuna, la gente llana de todos los pueblos de la tierra es buena, y al olor de mercado vienen, suavizando y bruñendo, la literatura y la música».[234] Para el escritor, en la época de grandes crisis y de corrupción pública, es la acción de los hombres llanos la que «aparece, opera, sujeta a los dioses en sus altares, dispensa a los profanadores, y con sus vestidos sencillos de paño burdo, se vuelve amenazante a su asiento».[235]

Probablemente, de todos los reformadores sociales del siglo XIX ninguno luchó tan denodadamente por la defensa del pueblo

---

[232] *Temas martianos* (La Habana, 1969), p. 132.

[233] Martí, op. cit., X, p. 224.

[234] Ibid., X, p. 132.

[235] Ibid., X, p. 156.

como Lamennais. Todo lo hizo preocupado por el mejoramiento de las clases populares, y en favor de ellos presentó durante la revolución de 1848 en Francia, distintos proyectos de voto libre, crédito público, reforma de la enseñanza, su actividad estaba sostenida ideológicamente en la fe que tenía en las virtudes espirituales de la gente común y corriente. La opinión de Martí, en cuanto a esta bondad del pueblo resulta de la idealización romántica y de su fe en la democracia, que puede sustentarse en el mismo principio lamennesiano: «Du peuple sort le salut, dit-il, car en lui se conservent vivants les profonds instincts de l'humanité, que le pouvoir, les richesses et toutes les passions qu'elles nourrissent, étouffent en ceux à qui les nations sont livrées».[236]

Desde luego que el hombre, individualmente considerado, tiene antes que nada una obligación social, y su progreso debe garantizar también el avance de la sociedad en que vive. En consecuencia este progreso individual ha de tener un sentido espiritual, única garantía de la elevación de los hombres o de la Humanidad en su conjunto. Tal como lo ha analizado Poisson, Lamennais encuentra en Jesucristo el tipo ideal de la personalidad humana y en su enseñanza la revelación de una ley a la vez simple y fecunda, que no es otra que la elevación desde un estado inferior a otro superior: «En outre, dans les différentes phases de son existence terrestre, qui peuvent, au fond, se ramener à trois: le travail, la mort et la renaissance, il offre une image non seulement de la destinée de l'humanité, mais de la destinée de chaque homme individuellement».[237]

No hay duda que Martí contemplaba al hombre como una criatura de origen divino, cuyo destino ideal era lograr la perfección. Siempre que se enfrentaba al examen de las pasiones individuales o colectivas de la sociedad americana, establecía esa necesidad de superación. En esa lucha radica la grandeza humana y la espiritualidad que Martí ve en ella: «Los tiempos no son más que esto: el tránsito del hombre-fiera al hombre-hombre. ¿No hay

---

[236] *Les Evangiles*, p. 229.

[237] Poisson, op. cit., p. 385.

horas de bestia en el ser humano, en que los dientes tienen necesidad de morder, y la garganta siente sed fratricida y los ojos llamean, y los puños crispados buscan cuerpos donde caer? En frenar esta bestia, y sentar sobre ella un Ángel, es la victoria humana».[238]

Toda la trayectoria humana y el destino social se dirigen a una meta final, que es el Bien. Es evidente que para Martí el Bien se identifica a Dios, desde su planteamiento original en el *Presidio político*. Pero la persecución de ese fin de absoluta perfección debe ser logrado en una lucha constante, y no sólo por efecto de una gracia divina. Poisson en su análisis de la obra de Lamennais se refiere a este aspecto de la misma, y subraya cómo para el escritor francés es importante la búsqueda del bien a través de una fe espiritual. Tanto el hombre como la sociedad consiguen esta perfección mediante una conquista, que es el progreso continuo hacia el mundo de esencias espirituales: «Ce progrès en prépare il autre. Le cercle de son activité s'élargit. Des facultés que sommeillaient en lui peu à peu s'éveillent. De l'ordre de l'Utile, il s'élève à l'ordre de Beau, et, se développent à la fois en tous deux, il multiple ses conquêtes et affermit sa souveraineté sur le monde matériel, en même temps que le monde des essences ouvre devant lui ses splendides perspectives».[239]

Martí combina las mismas ideas del Bien, identificado con lo Bello, de la lucha y de la redención cristiana, cuando analiza la sociedad americana, y predica cual debe ser el sentido final de la existencia humana cuando dice: «El mal es accidental; sólo el bien es eterno. Contra el dogma del mal eterno, el dogma nuevo del eterno trabajo por el bien. Confiar en lo que no se conoce no mejora mundos, sino trabajar en ello... besando en la frente de Cristo muerto en la cruz por la redención de todos, ¡hagan de sus maderos instrumentos de trabajo humano!».[240]

---

[238] Martí, op. cit., IX, p. 255.

[239] Poisson, op. cit., p. 388. También Lamennais, *Esquisse d'une philosophie* (París, 1840), X, Capítulo I.

[240] Martí, op. cit., IX, ps. 465-466.

Los principios de la sociedad espiritual

La ideología de Lamennais, como la de algunos pensadores de su época, tiende a formularse a través del establecimiento de una trilogía de principios, que obviamente tienen un sentido religioso. Para el escritor francés el ser humano, en lo espiritual, resulta de la integración de varias características de forma semejante a la de Dios, cuya esencia es explicada teológicamente mediante la existencia de tres persona divinas: Padre, Hijo y Espíritu Santo. Estas tres propiedades espirituales presentes en el hombre son la inteligencia y la voluntad, básicamente diferentes, que resultan enlazadas en un solo todo por el principio unitario del amor. Según Poisson, en ellas ve Lamennais la prueba de la divinidad de la existencia humana:

«Mais on est obligé de concevoir dans la substance une troisième propriété qui, ramenant à l'unité la Puissance et l'Intelligence, essentiellement distinctes, est un principe infini d'union; c'est l'Amour qui est la vie même de Dieu. Ces trois propriétés —Puissance, Intelligence et Amour— constituent en Dieu (comme su tout être) la notion de personne, elles sont ce qui crée la *personnalité divine*».[241]

La sociedad espiritual, en consecuencia, resulta explicada relacionando los principios antes mencionados dentro de una estructura religiosa. A la inteligencia corresponderá la categoría de Dogma, la ley del amor, sustentada por el deber representará la Moral, y el Culto tendrá una manifestación interior en la voluntad y otra exterior a través del sacrificio. A continuación analizaremos esos principios en el pensamiento de Martí y su identificación ideológica con los expuestos por Lamennais.

Dogma - La Inteligencia

Como las sociedades están constituidas por seres humanos los principios espirituales deben manifestarse básicamente en los in-

---

[241] Poisson, op. cit., ps. 182-183.

dividuos. Martí busca en el interior del hombre y en el carácter divino de la persona estos principios, que para él son atributos recibidos por la creación: «Todo hombre nace rey, la labor está en hallar en sí los útiles con que se hace el trono».[242]

Claro que no olvida Martí que el hombre también es materia y, por tanto, tiene que superar esa condición mediante el descubrimiento de sus propios e íntimos valores espirituales que son los que constituyen su esencia vital: «Por un lado, es ala el hombre, que mira al cielo; y por otro es hocico, clavado en tierra: hay que empujar perennemente el ala».[243]

Estos valores espirituales serán precisamente las armas de lucha íntima, que redundará desde luego en lo social. La posibilidad de elevación es lo que distingue al hombre de los animales, y por eso la apariencia exterior, semejante a aquellos, no debe confundir, ya que no representa lo básico y lo verdadero de la existencia humana: «El hombre no es lo que se ve, sino lo que no se ve. Lleva la grandeza en sus entrañas, como la ostra negruzca y rugosa lleva en sus entrañas la pálida perla. El árbol de la vida no da frutos sino se le riega con sangre. Ese andar afanoso; ese sacudir con los hombros peso de montañas; ese vencer, sin más armas que las *del amor* y las de *la razón*, a los hombres que mueven otras armas...» (subrayado nuestro).[244]

Aunque se trata de un principio religioso, está claro que la visión de Martí no es doctrinaria ni dogmática. Responde a una secularización de los ideales cristianos, más que a la fe revelada e institucionalizada en la Iglesia. En este sentido está dentro de las tendencias reformistas del siglo XIX en lo religioso, y en coincidencia naturalmente con Lamennais, ya que aunque éste fue considerado ultramontano en un principio, se desarrolló como uno de los pensadores más avanzados de su época.

Lamennais combatió la jerarquía religiosa, y propugnó la separación de la Iglesia y el Estado, así como la libertad de edu-

---

[242] Martí, op. cit., IX, p. 399.

[243] Ibid., XI, p. 294.

[244] Ibid., IX, p. 272.

cación y de asociación en la propia organización religiosa «afin que l'ordre ne dépende pas de la volonté ou des caprices, des idées ou des préventions d'un seul homme».²⁴⁵

Su espíritu de libertad en todos los órdenes lo llevó al combate social y político, que le causó no solamente una condena de prisión, sino también la ruptura definitiva con la Iglesia y la prohibición por ésta de la lectura de sus libros.

En lo filosófico Lamennais elabora los principios de la sociedad espiritual como armas en busca de la Verdad y del Bien, a través del desarrollo de la inteligencia, que es precisamente el atributo que la distingue de las sociedades animales. Para el escritor francés, el animal puede manifestar una serie de actividades que parecen inteligentes, pero que son falsas, dado que ellas no implican el conocimiento de la verdad. En consecuencia el verdadero dogma religioso, más que en la Revelación, se encuentra en la inteligencia de los hombres. Por eso, la misma existencia de Dios queda explicada por la inteligencia: «elle n'est que l'adhésion nécessitée à la perception générale de l'être sous ses deux modes, la conscience même de cette perception génératrice de l'intelligence... L'éternel travail de l'intelligence est de transformer la foi en science».²⁴⁶

Una posición semejante tiene Martí, para quien la penetración de la inteligencia en los misterios espirituales era algo natural y necesario, como parte de la lucha interna del hombre para vencer sus pasiones y hacer triunfar la verdad:

> El hombre lleva en si lo que lo pierde, que es el interés, y lo que lo redime, que es el sentimiento. Trabaja inútilmente, porque será vencida, esta generación pueril de filoclastas que anda, por esclavitud de la moda, con traje de cinismo. La inteligencia tiene sus petimetres, que son los que toman a pecho cualquier novedad que sale de las sastrerías, y sus verdaderos elegantes, que son los que llevan sus vestidos de modo que siempre están bien, porque

---

²⁴⁵ Carcopino, op. cit., p. 50.

²⁴⁶ *De la société première et de ses lois ou de la religion* (París, 1848), p. 190.

no acatan ninguna exageración y siguen la gracia natural del cuerpo,[247]

Aunque nunca profesó una fe sin fundamento racional, y se opuso en todo momento a la aceptación ciega de una doctrina religiosa, su espiritualidad indiscutible está basada en la razón, que considera necesaria en el hombre también como el verdadero dogma religioso. Hablando de Annie Bessant, la más famosa mujer dentro de la Sociedad Teosófica, aprovecha la oportunidad para expresar claramente su posición personal: «Al hombre se le ha de criar la divinidad que trae en sí: lo animal del hombre, que es lo más conocido de él, no triunfará al fin sobre lo divino del hombre, menos conocido: *la mente puede entrar en lo espiritual más allá de lo que ha entrado*» (subrayado nuestro).[248]

Debe aclararse que la idea de Dios sufre con el Romanticismo una transformación, ya que muchas de las doctrinas religiosas románticas se apartan de la tradición dogmática y tratan de fundamentar la religión y la práctica religiosa, por vía filosófica interesada más que nada en su aplicación moral. Aunque anterior al llamado Modernismo religioso en Francia, Lamennais se distinguió por su oposición a los principios dogmáticos de la Iglesia al invocar los preceptos cristianos de la bondad y la mansedumbre como expresión de la verdadera doctrina, que en definitiva le valió la condena de Roma.

Martí evoluciona de la misma manera, ya que el Dios sobrenatural y omnipotente que aparece en el *Presido político* se va transformando en el escritor más que nada, en una idea. Más que la pura y simple existencia de Dios, a Martí le preocupaban el hombre y la sociedad relacionados con los conceptos de la verdad y justicia, como principios rectores, y sobre todo la aplicación práctica de los mismos mediante una acción moral que estuviera regida por la Ley del amor.

---

[247] Martí, op. cit., XI, p. 235.
[248] Ibid., XII, ps. 503-504.

Esta evolución martiana que confundiría a más de un crítico, es el resultado normal del desarrollo de su espíritu profundamente religioso. A este respecto es interesante observar que se trata de la culminación de un proceso que, en opinión del sociólogo Enric Fromm, nos lleva al concepto moderno de Dios:

> But de develoment goes further than transforming God from the figure of a despotic tribal chief into a loving father, into a father who himself is bound by the principles which he has postulated; it goes in the direction of transforming God from his figure of a father into a symbol of his principles, those of justice, truth and love. God is *truth*, God is *justice*. In this development, God ceases to be a person, a man, a father; he becomes the symbol of spiritual seed within man. How can God have a name, if he is not a person, not a thing?[249]

Moral - Basada en la Ley del Amor, sustentada por el Deber, y la identificación del Pecado

En el estudio que hace Poisson de las ideas de Lamennais, indica como la moral de la sociedad espiritual está basada en la Ley del Amor. En realidad esta ley constituye el principio de la vida humana: «Apres les lois de l'intelligence que constituent le dogme, les lois de l'amour constituent la moral; car c'est dans le seul précepte de l'amour que consiste tout la loi morale. Mais nous savons que l'amour est l'universel principe de vie».[250]

Martí también consideró el amor como el principio más importante de su propia vida y además lo colocó como el elemento más importante en todas las relaciones humanas. Ya desde el *Presidio Político* aparece el amor como marco de la concepción religiosa que, en el fondo, contiene ese libro cuando dice: «No os odiaré, ni os maldeciré. Si yo odiara a alguien, me

---

[249] *The Art of Loving* (Nueva York, 1956), ps. 68-69.

[250] Poisson, op. cit., p. 190.

odiaría a mí mismo. Si mi Dios maldijera, yo negaría por ello a mi Dios».[251]

Luego más tarde, durante su vida, practicará esta ley del amor, y predicará la necesidad de su aplicación en todas las relaciones entre los hombres, entre el hombre y la mujer, entre el educador y el estudiante, entre el político y el ciudadano, hasta llegar a sostener el principio del amor para con los enemigos. Dicha ley del amor resultará el arma necesaria en el combate contra las fuerzas del mal.

Al igual que en Lamennais, se trata del principio de vida, considerada ésta como existencia divina, y su funcionamiento en la sociedad es imprescindible para el sostén espiritual de ésta. Martí nos explica en sus propias palabras, la completa articulación de esta Ley dentro del esquema general de la sociedad espiritual. Desde luego, el desarrollo va a sostenerse en el enfrentamiento constante entre las fuerzas del Bien y del Mal. Ya desde el *Presidio político* también está apuntada esta actitud maniquea que luego va a establecerse consistentemente en todo su análisis de la sociedad americana:

> La tierra, gigantesca y maravillosa, con sus bravos que caen, sus malvados que hieren, sus altos que asombran, sus tenacidades que repugnan, sus fuerzas que adelantan, y sus fuerzas que resisten, sus pasiones que vuelan, y sus apetitos que devoran; la tierra, pintoresco circo inmenso de espléndida batalla, en que riñen con su escudo de oro los siervos de la carne, y con su pecho abierto los siervos de la luz; la tierra es una lid tempestuosa, en que los hombres como ápices brillantes y chispas fingidas, saltan, revolotean, lucen y perecen; la tierra es un mortal combate cuerpo a cuerpo, ira a ira, diente a diente, entre la ley del amor y la ley del odio.[252]

Para Martí sólo a través del amor es posible la comprensión de esa dimensión espiritual del hombre, que es la básica de su

---

[251] Martí, op. cit., I, p. 45.
[252] Ibid., XIII, ps. 221-222.

existencia. Oportunamente se dejó expuesta la importancia que Martí da a la función del político, encargado de tareas prácticas, pero al mismo tiempo responsable, para él, de un apostolado por la posición especial que ocupa dentro de la sociedad. En consecuencia, puso Martí en ellos la obligación de ser bondadosos, por encima de los intereses de toda índole que a veces comprometen la vida pública: «La bondad sólo, la bondad infatigable y sincera, puede salvar a la larga de esta enemistad sorda y feroz a los políticos eminentes. Tanto como los intereses, que todo lo perturban y deciden, pueden en los lances de la vida política estas agencias recónditas del carácter humano».[253]

El Deber

Como complemento de esta ley del amor, debe considerarse el deber, que es el principio espiritual que configura la moral del hombre. Del examen del *Presidio político* se deduce que desde entonces ya Martí indica cómo este deber de hombre, se convertiré junto con el amor en el sostén ideológico de toda su doctrina. De nuevo este concepto del deber queda asociado al sentido religioso-moral de la sociedad espiritual. Poisson en su estudio de las ideas sociales de Lamennais, señala el principio dentro de los expuestos por el escritor francés: «A l'amour universel correspond le *devoir*».[254] Y también explica la relación de este deber con el sacerdocio: «Tout homme est naturellement *prêtre*, comme tout acte de devoir, et particulièrement de devoir envers Dieu, est un acte de sacerdoce».[255]

Siendo una fuerza paralela a la del amor, debe alentarse en el hombre, para que éste pueda enfrentarse mejor, espiritualmente, a la existencia material, Martí concibe, al igual que Lamennais, la vida como un sacerdocio, y su intención es clara, cuando del análisis de la existencia humana, destaca idénticas

---

[253] Martí, op. cit., XII, p. 394.
[254] Poisson, op. cit., p. 192.
[255] Ibid., ps. 200-201.

cualidades: «En el hombre debe cultivarse el comerciante, sí; pero debe cultivarse también el *sacerdote*. Un hombre no es una estatua tallada en un peso duro; con unos ojos que desean, una boca que se relame, un diamante en la pechera de plata. El hombre es *un deber vivo*; un depositario de fuerzas que no debe dejar en embrutecimiento, un ala» (subrayado nuestro).[256]

Con frecuencia se ha identificado y calificado a Martí de Apóstol —sin otorgarle quizás al vocablo la dimensión religiosa y cristiana que implica— para indicar su ejemplar devoción a la causa de su pueblo y de la Humanidad. Félix Lizaso, en su obra *Martí, místico del deber* capta la esencia del concepto, aunque vacila en calificarlo definitivamente.

El crítico ve en Martí una trayectoria personal inflexible que él mismo se trazó, y que no podía llevarlo a otro destino que «a un misticismo transido de humanidad, a un misticismo sin religión, pero lleno de religiosidad, al misticismo del deber. Le esperaba, de todos modos, al término de ese viaje, el sacrificio por la redención humana, la gloria y la inmortalidad».[257]

Cobra el concepto del deber una dimensión primordial no sólo en la vida del escritor, sino en lo que es más importante, en su prédica tal como aparece en las crónicas, que por ello se convierten en vehículo de enseñanza moral. Ya había señalado Agramonte cómo Martí construyó una teoría general de la vida, de la moral y de la sociedad.[258] Pero Martí no se limitó a ser un teórico sino que intentó afirmar, mediante su prédica, ciertos valores fundamentales de la sociedad. Más aun, como ya se ha dicho, Martí cree que al político corresponde una labor casi sacerdotal, y a ellos habría que agregar al maestro y al periodista, que en conjunto integran los tres pilares sobre los cuales se sostiene el apostolado social.

Martí ve la prédica como elemento primordial de la vida de los hombres que el consideró figuras representativas de la socie-

---

[256] Martí, op. cit., X, p. 376.

[257] (Buenos Aires, 1950), p. 9.

[258] *Martí y su concepción del mundo* (Puerto Rico, 1971), p. 772.

dad. En la crónica publicada en 1883, sobre el educador americano Peter Cooper, explica en qué consiste para él este sacerdocio social: «Creía (Peter Cooper) que la vida humana es un sacerdocio, y el bienestar egoísta una apostasía. No se encaró a Dios, airado de sentirlo y no verlo, ni volvió el puño al cielo desdeñoso; sino que vivió mansamente, como quien entrevé deleites sumos, y fue venturoso, porque conoció el objeto de la vida. Sólo una llave abre la puertas de la felicidad: amor»[259]

Igualmente exige del periodista una dedicación semejante a la de un predicador moral. La función del periodista no ha de consistir meramente en informar o entretener a sus lectores, sino que ha de tener un sentido profético y apostólico: «La prensa no puede ser, en estos tiempos de creación, mero vehículo de noticias, ni mero siervo de intereses, ni mero desahogo dela exuberante y lujosa imaginación. La prensa es Vinci y Angelo, creadora del nuevo templo mago e invisible, del que es el hombre puro y trabajador el bravo sacerdote».[260]

Asimismo, para ambos escritores, la necesidad de la virtud se justifica por la existencia del pecado. Para Lamennais la esencia del pecado se encuentra en la desviación de la Ley del amor, cuando el amor al prójimo es sustituido por el amor de sí mismo cuando dice: «La vice de l'amour détourné de sa fin constitue le pèque. Il consiste, en effet, dans cette prédominance de l'amour de soi... Tout pèque se réduit donc á un égocentrisme par lequel l'homme s'éloigne de la société spirituelle, de cette unité des spirits qui est le but qu'il devrait sans cesse chercher à réaliser».[261]

De una forma semejante, para Martí no hay falta mayor que el egoísmo. Fustiga el egoísmo de los ricos interesados solamente en la posesión de bienes materiales, de los políticos en sus rencillas para lograr el poder o de grupos que luchaban por imponer su voluntad sobre aquellos más desvalidos, y expone claramente como este pecado conduce a todos los males sociales: «No es el

---

[259] Martí, op. cit., XIII, p. 50.
[260] Ibid., ps. 326-327.
[261] Poisson, op. cit., ps. 194-195.

egoísmo la lepra y signo dominante de nuestros tiempos? El cuidar de sí, y el descuidar de los demás, no es enfermedad usual y aborrecible, que a los mismos generosos trae disgustados, como una llaga dela vida?».[262]

Más que nada le preocupan los nuevos valores sociales —o mejor dicho, antivalores— carentes de espiritualidad y que en definitiva corrompen la sociedad. Esta falta de amor entre los hombres y despego por las desdichas ajenas es el pecado que atenta contra la nación, contra la fraternidad necesaria y, al final, contra el hombre mismo. Para Martí es necesario ser muy cuidadoso del derecho de los demás, pues su olvido trae aparejado como consecuencia el egoísmo, destructor del amor, aun cuando se lucha contra la injusticia o por la justificación de un sector social. Martí supedita la dedicación absoluta a una causa, a la necesidad de mantener el equilibrio social, y refiriéndose a un líder obrero, le critica su olvido de los derechos ajenos: «Es de los desventurados que sólo ve el derecho suyo. Este egoísmo es sublime, pues semejante persona llevaría a la pérdida de la propia vida en holocausto de la dignificación del hombre; pero la grandeza moral absoluta, que es cosa del cielo, suele ser justamente crimen en la historia, que es cosa de los hombres. Todo aquel que no mira por el derecho ajeno como por el propio, merece perder el propio».[263]

El culto interior de la Voluntad

Dentro del esquema que componen los principios de la sociedad espiritual, luego de haber señalado el Dogma y la Moral, corresponde que se establezcan los elementos que integran su Culto. Para el crítico Jacques Poisson, estudioso de la obra de Lamennais, en el escritor francés debe distinguirse entre lo que él entiende por un culto interior que es la unión con Dios, y un culto exterior que será la manifestación externa del primero: «Mais s'il doit s'unir individuellement à Dieu, ce qui constitue le culte es-

---

[262] Martí, op. cit., X, p. 164.
[263] Ibid., X, p. 415.

sentiel, le culte intérieur, il doit aussi participer avec ses frères à un culte social et extérieur, qui sera la manifestation générale du premier».[264]

Por lo tanto, el culto no será otra cosa que la reglamentación del deber para la realización de las leyes o principios de la inteligencia y del amor, por medio de la voluntad. Como fuerza niveladora del culto interior necesario en el hombre, debe desarrollarse una voluntad que se imponga a las fuerzas negativas. Según Poisson, en la doctrina de Lamennais esta idea es imprescindible para la persecución del objetivo final del Bien y la Verdad, identificados a Dios, lo que implica en sí mismo un acto de fe y de amor. «Le culte intérieur n'est que la volonté meme maintenue dans la direction de l'ordre, c'est-à-dire du Vrai et du Bien, ce qui implique un acte de foi et un acte d'amour; de ces deux actes nait le désir qui entendre l'espérance».[265]

Ezequiel Martínez Estrada, con cierta intuición, señaló en su libro *Martí Revolucionario* que la virtud más acentuada en Martí es la de la voluntad, que él traduce en el propósito de dominarse a sí mismo, superando el sufrimiento, en aras del servicio a los demás: «Martí es voluntad ante todo; después sabiduría y santidad».[266] A través de la exégesis que hace de la sublimación del dolor por Martí, encuentra el crítico una fuerza imperativa que lo dirige: «La voluntad como fuerza imperativa, subliminal, que lo conmina a la acción y a decidir su suerte oponiéndose más que plegándose a las imposiciones del medio social y familiar, se manifiesta prematuramente en él, y su condena a presidio es prueba evidente de ello».[267]

Oportunamente hemos demostrado, en el examen del *Presidio político* que hemos hecho antes, su coincidencia, en cuanto al concepto del deber, con la obra de Lamennais. Pero, como al mismo tiempo, a lo largo de su vida, Martí apunta su voluntad

---

[264] Poisson, op. cit., p. 198.

[265] Ibid., p. 198.

[266] (La Habana, 1957) p. 612.

[267] Ibid., p. 613.

firme hacia un ideal, para él apostólico, es necesario explicar que se trata en definitiva de la expresión consciente de un culto, probablemente de raíces religiosas, y no de un fatalismo de héroe trágico, que es lo que parece indicar Martínez Estrada.

Tomando en consideración ciertos aspectos de la posible doctrina religiosa de Martí, no hay duda que está impregnada de agustinianismo. Medardo Vitier considera que hay influencia agustiniana en la formación ideológica cubana, al examinar la reforma del Padre Varela en los estudios filosóficos del Seminario San Carlos, cuya orientación iba a continuar más tarde José de la Luz y Caballero: «Estos hechos me parecen indicios suficientes para que no sea muy aventurado relacionar la reforma docente del seminario con la tradición agustiniana, que teológica y todo, tuvo siempre la virtud de avivar en las conciencias el latido de lo nuevo, en inquietas perspectivas».[268]

Con respecto a la cuestión de la voluntad en Martí lo anterior tiene importancia, ya que también en opinión de Vitier éste es un rasgo característico de la doctrina de San Agustín:

> Atribuye a la voluntad (y esto es importantísimo por sus implicaciones) un papel predominante en la economía del Universo. Esta posición *voluntarista* hay que relacionarla con el temperamento ardiente, fuerte de San Agustín. Lo esencial en todo es la voluntad: *Omnes nihil aliud quam voluntates sunt*. Le atribuye a lo volitivo más participación que a lo cognoscitivo, en la posesión de lo divino por el hombre.[269]

Por su formación, Martí seguramente resultó influido por esta línea agustiniana de pensamiento, de contenido religioso cristiano. Su visión social, su espiritualidad intensa, el acercamiento filosófico a Dios, representan en total cierta heterodoxia al compararla con el pensamiento católico tradicional. Al mismo tiempo, cree firmemente en el imperio de la voluntad como fuerza interna que domina las pasiones y acerca a Dios: «¡No es

---

[268] Vitier, op. cit., p. 205.

[269] Ibid., p. 202.

grande el que se deja arrebatar por la vida sino el que la doma!, ¡No el que va, palpitante y rugiente, por donde sus pasiones, o las ajenas, lo empujan, sino el que clava los pies en medio de la vida, y enfrena a los demás, y a sí propio, y ve —como por sobre dosel— sus pasiones domadas!».[270]

Por otro lado, nada preocupa tanto a Martí como la indiferencia, que lleva a no ejercer las fuerzas interiores, espirituales, del hombre. Mucho antes, Lamennais se había preocupado por el mismo defecto en materia religiosa y dio a la luz su trabajo *Essai sur l'indifférence en matiére de religion*, en el que dice: «Il n'est que trop vrai, cependant, qu'on peut, á force de persévérance et de travail, parvenir á corrompre assez la raison pour se rendre presque impossible le retour de la religion au lit de la mort».[271]

Para el escritor cubano el desenvolvimiento de la fuerza interior de la voluntad está en el hacer, que él decía necesario para justificar la propia vida: «Cada cual al morir, enseña al cielo su obra acabada, su libro escrito, su arado luciente, la espiga que segó, el árbol que sembró. Son los derechos al descanso: ¡Triste el que muere sin haber hecho obra!».[272] Está claro que en Martí este principio tiene la dimensión de un culto interno, en su doble propósito de encuentro de sí mismo y de embellecimiento espiritual: «No hay nada que embellezca como el ejercicio de sí propio. Ni nada que afee como el desdén o la pereza, o el miedo de poner nuestras fuerzas en ejercicio».[273] Y también, de encuentro con Dios a través del contacto con las «fuerzas vivas» —como él llama a las fuerzas de la naturaleza— cuando el hombre hace lo que tiene que hacer: «en el campo, rompiendo la tierra; en la ciudad rompiendo los obstáculos. Nada fortalece tanto como el ejercicio de la fuerza. Nada abona y magnifica el ánimo tanto como el contacto con las fuerzas vivas».[274]

---

[270] Martí, op. cit., IX, ps. 403-404.

[271] (París, 1836-1837), I, p. 327.

[272] Martí, op. cit., IX, p. 64.

[273] Ibid., IX, p. 348.

[274] Ibid., IX, p. 367.

Resulta claro que Martí da a esta tarea una perspectiva espiritual, que desarrolla en el concepto paralelo de la necesidad de creación en el hombre. Este imperativo, que debe ser primordialmente intelectual, se transforma en los seres oprimidos por la sociedad, como por ejemplo en los negros de los Estados Unidos, en una actividad material de procreación, ya que pone en la mujer el amor que le niega el mundo: «El hombre ha de crear: ideas o hijos».[275] Así la verdadera creación, que es la intelectual, debe tener características originales, y por eso Martí rechaza toda copia. Considera que en la originalidad creadora está el poder del hombre y critica a los artistas que se entregan al culto de la producción por el éxito material: «Reproducir no es crear: y crear es el deber del hombre».[276]

Martí, por último, considera que en el hacer y el crear radica el cumplimiento del deber moral del hombre y por tanto rechaza la búsqueda de la fama como fin último de la vida. Admira los hechos heroicos, pero no considera que sean en sí el objeto total de la vida: «La fama es un mito inútil. El deber, que deleita, rige a los hombres. Él guía, él salva, y él basta».[277] Más adelante se explicará cómo su concepto de trascendencia del hombre a través del sacrificio de la muerte queda, en Martí, integrado también a una idea de culto religioso.

Culto externo – El sacrificio

Toda la doctrina del deber y la voluntad conlleva una subordinación interior de las pasiones del hombre, que lo prepare para la tarea que tiene por delante, que no es otra que la manifestación exterior del culto, a través del sacrificio. No hay duda del sentido religioso de este sentimiento, que ha sido analizado por Poisson con respecto a la doctrina de Lamennais. Para este crítico, Lamennais considera que la naturaleza se alimenta de Dios y por

---

[275] Ibid., XII, p. 335.
[276] Ibid., XI, p. 361.
[277] Ibid., X, p.415.

tanto se alimenta de sí misma, y del sacrificio perpetuo entre unas criaturas y otras, depende la existencia misma del Universo. El sacrificio resulta así el símbolo esencial de la religión y de la sociedad espiritual: «L'acte essentiel de la religion est le sacrifice, symbole permanent et universel de la loi de vie, suggéré par la nature memle».[278]

En Martí la idea del sacrificio es parte integral y esencial de su doctrina ética, pues el sacrificio es la mejor expresión de la verdadera grandeza humana. Por eso, más que la satisfacción de los apetitos materiales, Martí predica la privación y la desgracia, como camino para conseguir la perfección: «Debe prepararse a todo hombre a la batalla, a la privación, a la desgracia. Pues ¿no se nota que un hombre no es nunca completamente grande sino cuando es desventurado? La felicidad constante aniña y debilita».[279]

Ya desde el *Presidio político* concibe Martí que el sacrificio, a través de la aceptación estoica del dolor, es un componente necesario de la vida humana, y el vehículo necesario de trascendencia espiritual, cuando afirma: «Que el que sufre por su patria y vive para Dios, en este u otros mundos tiene verdadera gloria».[280] Desde luego, está implícito que esta aceptación del dolor tiene una dimensión espiritual y es piedra angular de toda la doctrina martiana, expuesta en numerosos pasajes de sus crónicas. En un párrafo significativo, Martí llega incluso a afirmar que el sacrificio y el dolor son la condición necesaria para el logro de la verdadera felicidad en una vida futura:

> El egoísmo aconseja la abnegación. Predíquese insaciablemente, y ayúdese, el afianzamiento de los caracteres. *Créase en la perpetua vida, que a cada hombre asegura en estación futura el premio de los sacrificios que se impone en ésta.* Hágase proceder el dolor al placer, porque está en la naturaleza que vayan siempre

---

[278] Poisson, op. cit., p. 207.

[279] Martí, op., cit., IX, p. 445.

[280] Ibid., I, p. 54.

equilibrados, y cuando con aquél no se merece éste, éste se paga luego con aquél. Empleen los mejores por la mente y por la ternura, aunque sea con daño propio y angustia, sus fuerzas todas en levantar a su nivel a la gente mínima, que no sabe y no ama. Y así, procurando la felicidad universal venidera, se asegura y avecina la felicidad propia [subrayado nuestro].[281]

Queda de esa forma plasmado el contenido inmensamente espiritual y profundamente religioso de la doctrina martiana, así como su apostolado. Aunque su posición con respecto a la existencia de Dios no es categórica, sí parece creer en la integración del hombre a una posible existencia superior en otra etapa subsecuente a la vida material. Más adelante se verá cómo esta idea lo acerca mucho a la interpretación de la muerte que los críticos ofrecen sobre Lamennais.

Ahora baste indicar, que el convencimiento de este perfeccionamiento progresivo en el ser humano, no lleva a Martí a suscribir ninguna secta religiosa, pues concibe la espiritualidad en la criatura humana como independiente de dogmas o doctrinas, que dice creadas por el hombre: «¡Tantos dioses han puesto los hombres en el cielo, como fases, estados y accidentes ofrece la historia! Pensando en el Espíritu Creador, se sienten mares, y surgir solemnemente poderosas montañas en el cráneo: y pensando en los dioses religiosos, se ven puños cerrados, ceños boscosos, mazos tintos de sangre, y hormigas».[282]

Como se había anticipado, Martí mantiene su ideología a través de toda su vida, no sólo en la trayectoria que se impone a sí mismo, sino en el fin trascedente y de purificación espiritual conseguido a través de la vía expiatoria del dolor. Frecuentes son las menciones sobre este aspecto en sus crónicas: «El dolor es la sal de la gloria»[283] exclamará refiriéndose a unos ejercicios militares en Estados Unidos. Ante la muerte de Garfield, que sufrió

---

[281] Ibid., IX, p. 489.
[282] Ibid., IX, p. 455.
[283] Ibid., XI, p. 260.

ataques físicos y morales, afirma: «El dolor alimenta, el dolor purifica, el dolor nutre. Los hombres son pequeños maguas que chocan y se quiebran, y de los vasos rotos surge esencia de amor que alimenta al vivo».[284] En el panegírico de Longfellow, ensalzará el sufrimiento y el dolor: «El hombre necesita sufrir. Cuando no tiene dolores reales se los crea. Purifican y preparan los dolores».[285] Naturalmente asocia el dolor con la belleza, ya que en ella definitivamente está el Bien: «Jamás sin dolor profundo produjo el hombre obras verdaderamente bellas».[286]

Pero todo sacrificio tiene que ser fecundo, y por tanto Martí condena la debilidad ante el dolor y la desesperación que conlleva, ya que tal cosa sería desertar de la vida y de la comunión con otros seres. El suicidio es condenado porque niega la posibilidad de una práctica fecunda de vida: «El dolor excesivo empuja al alma a las resoluciones grandes. Los cobardes, dan en la boca de una pistola, y con el humo de la pólvora se desvanecen. Los enérgicos, aunque desangrándose en lo interior como un rosario al que se rompe el hilo, echan mano a la espada, al arado, o a la pluma, y con las ruinas de sí mismos, fundan».[287]

De tal manera, la muerte es contemplada como uno de los elementos constitutivos del concepto de sacrificio. La muerte es el momento culminante de una vida dedicada al deber y al dolor, y por lo tanto el acto final de la existencia espiritual del hombre en la tierra, y su contenido es absolutamente trascedente. Poisson explica que en Lamennais la muerte es el sacramento que verdaderamente justifica la propia vida, como sacrificio final que corona el culto exterior de su doctrina religiosa: «Lamennais ne cesse de proclamer qu'il y a un dogme de vie caché dans le sacrement de mort».[288]

---

[284] Ibid., XIII, p. 221.

[285] Ibid., XIII, p. 227.

[286] Ibid., XI, p. 10.

[287] Ibid., X, p. 227.

[288] Poisson, op. cit., p. 209.

La muerte de Martí ha fascinado a más de un estudioso, precisamente porque en cierto modo hizo de ella el objeto o culminación de su vida de sacrificio y de dolor. El profesor Agramonte opina que en Martí, «de acuerdo con el temple dramático de su alma la muerte inminente y el deceso en sí se convierte en tema central y reiterado de sus meditaciones, a lo largo de todos sus escritos. Y la primera nota esencial que adscribe a la muerte es la de constituir un misterio; del misterio —digamos— del hombre, ahora lumbre y aliento, luego polvo y ceniza: es el *mysterium tremendum et fasciosum*, que cae en el orden transracional, y va a originar la religión».[289]

Martínez Estrada, otro de los críticos que también ha examinado a Martí, por el contrario, no ve contenido religioso en el concepto que tiene el escritor cubano de la muerte y, aunque reconoce la presencia constante en sus pensamientos y actos, la relaciona con la idea del héroe arrebatado por el destino:

> En Martí, el tema de la Muerte era un *leit motiv* que acompañaba sus pensamientos y sus actos, no con sentido religioso solipsista, en cuanto pensamientos y actos se dirigen a un ideal cuyo logro era la muerte, No meditaba sobre la muerte ni discurría filosóficamente sobre ella; la muerte era algo así como un salvoconducto que facilitaba, dignificaba y daba sentido a la misión que se había impuesto y que, no teniendo a la muerte por fin sino por final, podría convertirse en un modo patético o heroico de vivir y aprovechar con nobleza la vida.[290]

En realidad, Martí sí había examinado la muerte como algo trascendente, tanto en lo que se refería a su persona, como a la muerte de los demás. Su concepto sobre este tema corresponde a la estructura espiritual trazada, en la cual la muerte es el último sacrificio, en realidad con un doble contenido. Es el pórtico que puede abrir al hombre una vida futura y también puede servir de ejemplo a otros cuando se ha hecho bien. De este mo-

---

[289] Agramonte, op. cit., p. 388.

[290] Martínez Estrada, op. cit., p. 292.

do la muerte queda vinculada al proceso creativo de la propia vida, pues aunque es destructiva, desde el punto de vista material, tiene, por el contrario, un sentido de trascendencia en el orden espiritual.

Cuando el crítico Poisson discute el sentido trascendente de la muerte en Lamennais, considera que el mismo tiene apoyo en Leibniz, y lo asocia con la idea de que toda substancia razonable depende de un conocimiento. Como este conocimiento es en sí mismo infinito, la sustancia no podrá ser jamás integral y la vida inmortal será un pasaje de un estado a otro estado, donde es posible el perfeccionamiento. «De la même façon, Lamennais considérera la mort non comme une destruction, mais comme un changement, non comme l'anéantissement de toutes choses, mais comme la vie véritable».[291]

Ya se ha visto como Martí tiene un concepto religioso del sacrificio y de la abnegación ante el dolor, que arranca desde su más temprana juventud. Su concepto de la muerte, basada también en el sacrificio, mucho lo acerca a Lamennais, como se había anticipado, al considerar ésta dentro de un proceso evolutivo de perfeccionamiento, sobre todo cuando se ha cumplido con el deber: «Morir es lo mismo que vivir, y mejor si se ha hecho lo que se debe».[292]

Pero quizás en ninguna otra ocasión Martí expone con más detenimiento todo su pensamiento en relación con la muerte, y su contenido religioso, como en la crónica-ensayo escrita al fallecer Emerson. Contiene este trabajo todos los elementos que la tipifican como supremo sacrificio cristiano y de su posibilidad de trascendencia, en la dimensión que ha sido indicada: «No da dolor sino celos. No llena el pecho de angustia, sino de ternura, la muerte es una victoria, y cuando se ha vivido bien, el féretro es un carro de triunfo. El llanto es de placer, y no de duelo, porque ya cubren hojas de rosas *las heridas que en las manos y en los pies hizo la vida al muerto. La muerte de un justo es una fiesta,*

---

[291] Poisson, op. cit., X, p. 28.

[292] Martí, op. cit., X, p. 24.

en que la tierra toda se sienta a ver como se abre el cielo» (subrayado nuestro).[293]

Por otro lado, Martí también consideró la muerte como la enseñanza ideal, pues la misma puede ser ejemplo fructífero para los demás hombres. El sociólogo Erich Fromm ha dicho que esta ansia de trascendencia es una necesidad básica en el ser humano, que se explica por su insatisfacción de ser sólo una criatura creada y el deseo de ser en sí mismo un creador: «This need for transcendence is one of the most basic needs of man, rooted in the fact of his self-awareness, in the fact he is not satisfied with the role of the creature, that he cannot accept himself as dice thrown out of the cup. He needs to feel as the creator; as one transcending the passive role of being created».[294]

Esta actividad creativa, Martí la contempla a través del cumplimiento de lo que él llama deber, sin duda enderezado hacia la muerte y que culmina con ella. En el orden colectivo, la unión espiritual ahora se realiza mediante la identificación del alma individual con el alma de la Nación. Ese es el significado que para Martí tiene la muerte de los grandes hombres y su posibilidad de trascendencia espiritual:

> Los hombres que quedan son los que encarnan en sí una idea que combate, o una aspiración destinada al triunfo, —los que pasan por el mundo voceando y luciendo, con velocidad extraordinaria— como los astros. Mientras viven, se les señala con el dedo: en cuanto mueren se ve que donde ellos caen se levanta una estatua. No importa que hayan defendido su doctrina con exceso: así han de defenderse las ideas justas, para que al retraerse, como todo se retrae, en la marea del universo, no quede la idea demasiado atrás.[295]

---

[293] Ibid., XIII, p. 17.

[294] From, *The Art of Loving*, p. 51.

[295] Martí, op. cit., XIII, p. 350.

Sin embargo, dentro de la relación estrecha entre la trascendencia de le muerte, con los conceptos de creatividad y la ley del amor, la ausencia de estos últimos en la vida conducen a una muerte sin sentido. La antítesis entre creatividad y destrucción, con relación a la trascendencia en la muerte, también ha sido examinada por Fromm, quien la plantea en forma de alternativa para el hombre.[296]

En Martí la cuestión de la trascendencia social de la muerte está contemplada dentro de la misma alternativa. Vida es igual a deber y sacrificio, y aquellos que rehúyen el combate de los justos no son aptos para una muerte gloriosa y sólo dejan a su paso odio y desolación. Martí contrasta, por ejemplo, la vida del asesino de Garfield con la muerte creativa, e identifica aquella con el interés material y la falta de espiritualidad, así como con el pecado de egoísmo, que en conjunto sólo pueden acarrear destrucción:

> Vive de amarse, y de gozar corporalmente. Se mira y se celebra. Ama la vida como la aman los cobardes. Quería gloria, y sin valor para labrar la suya, detuvo la ajena. Es Eróstrato. Aquel quemó el templo, alegre refugio del Universo antiguo: éste abrasó las entrañas de un hombre creador de sí mismo, fuerte por el trabajo, grande por la constancia, noble por la bondad, labrador de su fama, hijo de Dios y hombre de Dios, educado por la Libertad para ser guardián de ella, criado a los pechos del dolor con jugo amargo.[297]

Desde luego que este sacrificio de la muerte incluye, como en todos, la obediencia, quizás la más difícil de todas las virtudes, y que en la doctrina cristiana todo ser humano debe tener hacia Dios. Dentro de su concepción religiosa del hombre y de la sociedad, la obediencia tiene para Lamennais un papel decisivo. Por supuesto, la figura de Cristo resultará de nuevo el símbolo de esta obediencia, porque es el ejemplo supremo de sacrificio, cuando muere en la cruz por la salvación de todos los hombres.

---

[296] Fromm, op. cit., ps. 41-42.

[297] Martí. op. cit., XIII, p. 205.

Esta obediencia se convierte para Lamennais en el símbolo de la paz y la armonía universales: «Le Christ s'est rendu obéissant jusqu'à la mort et a la mort de la Croix, Qui oserait après cela refuser d'obéir? Nul ordre dans le monde, nulle vie que par l'obéissance: elle est le lien des hommes entre eux et avec leur auteur, le fondement de la paix at le principe de l'harmonie universelle».[298]

No hay duda que para Martí, la obediencia tiene también un sentido similar, al considerarla necesaria para el mantenimiento del orden. Ante la pujanza de las organizaciones obreras que desfilan por las calles, mostrando su poder, indica cómo en definitiva en la obediencia está el símbolo del crecimiento humano: «Todo lo que es, es símbolo: la conciencia humana crece: el trabajar no es hacer mérito, *sino obedecer*: la arrogancia de la voz que llama al hombre al trabajo, indica que se está seguro de que éste ha de obedecerla, Suena el pito del vapor imponente, despótico: y el hombre se pone de pie, contento, *como si hubiese sentido sobre el hombro una mano de luz*» (subrayado nuestro).[299]

La trayectoria de deber, sacrificio y obediencia que se trazó desde el *Presidio político*, continua a través de toda su vida, y la remata Martí con el mismo pensamiento en su «testamento literario», antes de su inmolación por lo que él creyó la causa de la Humanidad, con el nombre de Cristo entre los labios: «En la Cruz murió el hombre un día, pero se ha de aprender a morir en la cruz todos los días».[300]

---

[298] Poisson, op. cit., p. 106.

[299] Martí, op. cit., X, p. 82.

[300]) Ibid., I, p. 28.

SECCIÓN V

La espiritualidad como valor cultural fundamental en toda sociedad

A través de las diversas secciones de este estudio hemos dejado bien establecido la importancia de la espiritualidad en el pensamiento de Martí, la cual es detectable desde su primera obra *El presidio político en Cuba*, y señalamos en el esquema de la sociedad espiritual, tal como aparece en sus crónicas sobre los Estados Unidos, los distintos componentes de la misma y su identificación con similares preceptos contenidos en la ideología del Romanticismo Social, especialmente los de Lamennais.

También indicamos que estos principios aunque semejantes a los de ciertas religiones, son en esencia valores éticos y morales de carácter secular, pues aunque Lamennais fue un sacerdote católico, en su prédica rechazó la tradición de la iglesia para defender su doctrina social. Desde luego, la ideología romántico social y la de Lamennais en el siglo XIX fueron catalogadas por muchos como «religiones seculares», dentro de las cuales sería posible incluir el pensamiento martiano.

Ya vimos como Martí en sus crónicas dejó constancia de los valores que sustentan la sociedad espiritual que debe existir como complemento y balance de la sociedad material, en todas las naciones o asociaciones humanas. A continuación vamos a exponer su visión de la espiritualidad en los Estados Unidos y, seguidamente, su contraste con similares valores en las naciones de América Latina, consideradas unitariamente dentro de lo que él identificó bajo el nombre «Nuestra América».

Espiritualidad en los Estados Unidos

Resulta interesante explorar como, en términos generales, Martí consideró que había una carencia de espiritualidad en la sociedad que él estaba examinando y todo aquello que estuviera en contradicción con sus principios habría de merecer su censura. Generalmente esa censura tenía una intención edificante ya que sus crónicas se caracterizan esencialmente por el ensalzamiento de la virtud en todos los órdenes de la vida tanto privada como pública.

Es necesario aclarar que el escritor cubano tenía consciencia de la grandeza de la nación estadounidense y con frecuencia alude en sus crónicas al pasado glorioso de los Estados Unidos. Pero ello no obstante, él veía en la sociedad contemporánea sobre la cual escribía, signos que indicaban la falta de una sólida espiritualidad trascendente así como también una extendida descomposición de orden moral que, en su opinión, amenazaban la integridad espiritual tanto individual como colectiva. Esta descomposición representaba, en opinión de Martí, la mayor amenaza para cualquier pueblo y contra ella dirigió los dardos más fulminantes de su crítica.

Para el escritor cubano la trascendencia espiritual era algo muy valioso en cualquier sociedad y, en su opinión, las grandes figuras desaparecidas representaban un acervo importante de toda nación, porque las mismas se convertían en símbolos del valor de lo espiritual, al decir: «Las grandes personalidades son como los cimientos en que se afirman los pueblos. Pueblo hay que cierra sus ojos a los mayores pecados de sus grandes hombres, y necesitado de héroes para subsistir, los viste de sol, y los levanta sobre su cabeza».[301]

A continuación vamos a transcribir algunas citas de las crónicas sobre los Estados Unidos en las cuales podemos apreciar sus ideas con respecto a la trascendencia espiritual que observa en algunas personalidades ya fallecidas así como los valores espirituales que él observa en algunos individuos o grupos de personas, con propósitos similares. Martí en su exposición va a a seleccionar ejemplos que sirven para comunicar su propósito y establecer cierta polaridad entre los individuos o grupos que mere-

---

[301] Martí, *Obras completas* (La Habana, 1961), XIII, p. 81

cen ser elevados y los que, a su juicio, deben ser condenados. Debe entenderse que Martí, al destacar el contraste, tenía un propósito didáctico que perseguía reforzar la prédica moral en armonía con su filosofía, en nuestra opinión romántica social, y que es una característica señalada por el profesor Agramonte, al decir: «Un principio cardinal de la filosofía martiana es el de la unidad de los contrarios, polaridad o contradicción».[302]

Al referirse a algunos políticos ya fallecidos Martí los menciona negativamente. En el caso de Arthur, Hendricks y Conkling, no los considera meritorios de la trascendencia espiritual, por haber sido débiles de carácter y haberse dejado «dominar por los tiempos». Y de la siguiente forma razonará su criterio, vinculado al concepto trascedente de la muerte: «Esos son los apóstatas de la gran religión del hombre».[303] Los cuales, desde luego, merecen ser olvidados por la historia: «La historia salda estas cuentas consagrando a los que luchan por el hombre y olvidando a los que luchan por el poder».[304]

Sólo aprecia virtudes en unos pocos políticos, como el orador Wendell Phillips y el presidente Garfield. Claramente expone como la grandeza de cada uno corresponde a virtudes espirituales, como el sacrificio y el deber. De Wendell Phillips nos dice: «Se privó de sí, por darse. Y soberano de la naturaleza, como vio que las gentes de corte no eran buenas, cambió la púrpura por el sayal de paño burdo, y el látigo por el cayado, y caminó al lado de los humildes».[305] Y refiriéndose a Garfield destaca sobre todo su virtud, por la que resultó víctima, de fuerzas sociales destructiva basadas en el odio: «A este hombre lo ha matado un elemento oculto, que obra poderosamente contra las fuerzas de construcción, entre las fuerzas de destrucción de la humanidad; un elemento rencoroso, inteligente e implacable: el odio a la virtud».[306]

---

[302] *Martí y su concepción del mundo* (Puerto Rico, 1071) p. 121.

[303] Martí, op. cit., XIII, p. 161.

[304] Ibid., XIII, p. 177.

[305] Ibid., XIII, p 62.

[306] Ibid., XIII, p. 199.

Por otro lado, para Martí, los militares desaparecidos son examinados más bien por sus glorias militares que por sus virtudes personales o comunitarias. En la siguiente cita, refiriéndose a los generales Grant, Sheridan y Hanckok exhibe una visión idealizada de tipo romántico, cuando presenta la guerra como una actividad extraordinaria y distinta de la existencia cotidiana, cuando nos dice: «La guerra es oda. Quiere caballos a escape, cabezas desmelenadas, ataques imprevistos, mentiras gloriosas, muertes divinas. Quiere héroes que sepan echar la vida al aire, como el matador echa, al brindar el toro, la montera».[307]

A aquellos militares que fueron más tarde políticos, el escritor les otorga el beneficio de sus glorias pasadas, como compensación o contrapeso por sus errores en las líderes políticas. Por eso Martí vio justificación de los pecados de Grant, los cuales resultaron perdonados por la virtud del dolor, al decir: «al fin ha muerto ennoblecido por los dolores».[308] Y también a Hanckok, quien resulta salvado por sus valores como buen soldado, pues «el soldado es el único hombre que puede cometer crímenes sin deshonrarse; y dentro de la maldad se crean virtudes relativas»[309]

Pero el verdadero símbolo de espiritualidad trascedente estará, para Martí, en sus poetas, en sus predicadores o en sus educadores. En ellos ve las virtudes humanas del amor, del deber y del sacrificio necesarias en lo que, según su criterio, constituyen la espiritualidad social. Toda la apologética martiana de la trascendencia espiritual a través de la muerte, se vuelca en sus crónicas sobre los poetas y pensadores como Emmerson, Whitman, Longfellow, Bleecher y Cooper. Precisamente, a la muerte de Emmerson dejará constancia de su idea respecto al valor trascedente de su muerte: «Y es que cuando un hombre grandioso des-

---

[307] Ibid., XIII, p. 125.
[308] Ibid., XIII, p. 83.
[309] Ibid., XIII, p. 171.

aparece de la tierra, deja tras sí claridad pura, y apetito de paz, y odio de ruido. Templo semeja en el Universo.»[310]

Además de los grandes muertos, aunque escasos pero importantes por su trascendencia espiritual, a los cuales Martí se refirió en sus crónicas, también se preocupó de mencionar aquellos individuos o componentes sociales que en su opinión representaban lo que pudiéramos catalogar como «reservas potenciales» de espiritualidad.

En las crónicas sobre los Estados Unidos, Martí examinó su composición étnica, señalando los aspectos negativos que él veía en la inmigración masiva procedente principalmente de Europa. Pero, al mismo tiempo, mostró gran simpatía por ciertos grupos raciales minoritarios oprimidos como los negros, indios y chinos a los cuales se refirió siempre positivamente. Y, de manera especial, otorgó a lo que calificó como «raza puritana», creadora de lo que era ya la nación, una posición destacada dentro de la sociedad espiritual. A través de sus crónicas podemos observar como ensalza los valores morales y la virtud de este grupo original que, para él estaba dedicado al trabajo, era firme en sus convicciones y tenía espíritu de sacrificio. Admira también en los puritanos su sentido religioso, su vigor moral y, sobre todo, su sencillez. Siempre que elogia un hombre del pueblo, trata de identificarlo con este grupo, aunque quizás tenía reservas en cuanto a su generosidad, «La antigua y hermosa raza puritana, a quien sólo ha faltado ser generosa para ganar puesto entre las más simpáticas y gloriosas de la tierra».[311]

Utilizando el procedimiento de confrontación que ya hemos señalado, Martí enfatiza la supuesta lucha que libra esta «raza» contra la nueva inmigración que trata de imponérsele. Destaca los esfuerzos que hacen algunos para tratar de inculcar el sentido religioso a la avalancha de hombres y mujeres que llegan a los Estados Unidos con la idea fija del provecho material: «En balde pretenden los hombres previsores dirigir por la cultura y por su

---

[310] Ibid., XIII, p. 17.

[311] Ibid., X, p. 36.

sentido religioso a esa masa pujante que busca sin freno la satisfacción rápida y amplia de sus apetitos».[312]

Toda la política norteamericana de la época está teñida de corrupción y la única figura importante que Martí destaca como excepción es el presidente Cleveland. Siempre se refirió a él con respeto por sus cualidades morales y su fuerza de carácter. Aunque aparentemente Cleveland no fue hombre brillante, Martí aprecia en su persona los valores que en su opinión tipifican la espiritualidad individual al decir: «No ha habido Presidente que atienda más por sí propio a sus labores: en lo que él da el voto, se lo tiene estudiado; pesa la voluntad ajena, pero no cede un ápice de la suya; tiene vanidad en su industria y fortaleza, y se hace en mérito de su capacidad de resistir el pensamiento ajeno, que le ha echado encima muchos apodos iracundos y mucha enemistad».[313]

Estos méritos de tipo moral que Martí observa en Cleveland, los contrapone a la deshonestidad política de su era. Analiza cómo se enfrente a su propio partido, a su Vice-Presidente, a los líderes del Congreso, al Partido Republicano, y finalmente a la figura que iba a encarnar, en su opinión, lo peor de la corrupción política de la época, el líder republicano James G. Blaine. La derrota de este último en 1888, sirvió a Martí para destacar el movimiento ético que representaba Cleveland: «Cuando Blaine fue escogido para candidato de su partido en la elección pasada, sus correligionarios de más respeto y pureza lo abandonaron con aplauso público, reiteraron con pruebas los cargos patentes contra su honradez personal y política, y sin separarse del partido republicano, y su doctrina, trabajaron como "independientes" por la elección contra los mismos demócratas, prefiriendo para el gobierno de la nación un adversario puro a un correligionario maculado».[314]

---

[312] Ibid., XI, p. 84.
[313] Ibid., X, p. 429.
[314] Ibid., XI, ps. 92-93.

Se destacan también, en las crónicas martianas, dos reformadores sociales que son de las pocas figuras que merecen, para Martí, ser encumbradas precisamente por la prédica moral que ambos simbolizan. Henry George y el sacerdote Mc Glynn, son los únicos líderes individuales independientes que en su opinión están enfrascados en una cruzada de adecentamiento de la sociedad. Unidos políticamente en cierto momento, representan la fusión de lo social y lo religioso que, sin duda, se identificaban con los principios ideológicos de Martí. Es evidente que los enfrenta a las fuerzas económicas, unidas a las tradicionales de la Iglesia Católica y que, en gran medida, eran la causa de la corrupción social de la época.

Henry George y el movimiento «georgista», como le llama, fueron vistos con simpatía por Martí. Aunque no totalmente identificado con su ideología, sí reconoció el valor ético que encerraba el movimiento y que animaba su creador:

> Los georgistas, que así pueden llamarse por ser su caudillo Henry George, lo más brillante y visible de toda su reforma, extienden —ayudados de la sectas liberales del protestantismo y del clero católico— las ideas de legítima democracia, reformas de las actuales condiciones de trabajo, transformación de la tierra en propiedad pública, y conversión de todos los pechos en un tributo único sobre la tierra ocupada; cuyas doctrinas no hallan acogida en las corporaciones poderosas que hoy dispone de casi toda la riqueza productiva, ni en aquella porción del clero protestante y católico que vive cerca de los ricos, y de ellos, y parece dispuesto a hacerles del cielo un parapeto de defensa.[315]

Creemos que su alianza política con el sacerdote McGynn refuerza sin duda esos valores espirituales que Martí ve en el movimiento. Convertido el padre McGynn en combatiente social y reformador político, conforma para Martí el símbolo de su ideología, y aprovecha su comentario para darnos a conocer mucho de la esencia de su pensamiento romántico social que incluye,

---

[315] Ibid., XI, ps. 123-124

como hemos indicado antes, una religiosidad basadas en principios morales y éticos. Este sacerdote católico fue un rebelde religioso, al estilo de Lamennais, que se oponía a la jerarquía religiosa y defendía al verdadero cristianismo del amor y la caridad para con el prójimo, como expone en la siguiente cita:

> Se entiende que se puede ser católico sincero y ciudadano celoso y leal de una república. Y como siempre son los humildes, los descalzos, los desamparados, los pescadores, los que se juntan frente a la iniquidad hombro a hombro, y echan a volar, con sus alas de plata y encendida el Evangelio. ¡La verdad se revela mejor a los pobres y a los que padecen! ¡Un pedazo de pan y un vaso de agua no engañan nunca![316] ¡Véase como se puede, según nos lo enseñan estos nuevos pescadores! ¡Oh Jesús! ¿Dónde hubieras estado en esta lucha? ¿Acompañando al Canadá al ladrón rico, o en la casita pobre en que el padre McGlynn espera y sufre?[317]

Finalmente, Martí ve en el sector femenino de la sociedad norteamericana que analiza, una posible reserva espiritual que en última instancia podría salvar el destino de la nación. Pero esa posibilidad la condiciona a que la mujer reciba una formación adecuada, pues él siempre criticó que se les dieran igual educación que a los hombre. Siguiendo su proceder de contraste, enfrenta la mujer virtuosa a la corrupción social y política que afecta principalmente a los hombres: «...sólo en la mujer reside aquí, con la inteligencia que ha de moldearla en un pueblo culto y libre, la virtud robusta que baste a compensar los desórdenes del poder, y la sordidez y la rudeza de la vida, a que parece el hombre americano encaminado».[318]

Como parte importante de su juicio sobre la sociedad espiritual de los Estados Unidos, Martí puso gran énfasis en exponer sus ideas con respecto a las causas de la falta de espiritualidad

---

[316] Ibid., XI, p. 139.

[317] Ibid., XI, p. 150.

[318] Ibid., XII, p. 156

en la nación americana. El elemento fundamental negativo que aparece en sus crónicas como punto de partida de todos los males sociales, y causa de la ausencia de espiritualidad es la distorsión de la ley básica del amor que es fundamental dentro de la ideología del Romanticismo Social según aparece en la exposición del esquema de la sociedad espiritual. En la siguiente cita, Martí analiza cómo se está sustituyendo el verdadero objetivo espiritual de ese sentimiento por otro falso de contenido puramente material: «El mismo amor, que salva al hombre de otros excesos, por ser el más grato y pleno de todos, y como oro de ley ante la bisutería, aquí es más estímulo que freno en esta pasión por poseer».[319]

Poisson en su análisis de la doctrina de Lamennais, examinó cómo para el pensador francés la cuestión de la utilidad en la sociedad capitalista, era también una amenaza para el derecho y el deber, igualmente postulados básicos del Romanticismo Social: «le droit et le devoir se trouvent explicitement niés ou remplacés de fait par les théories matérialistes de l'utile».[320]

Este punto de vista sobre el interés materialista del pueblo era bastante generalizada acerca de los Estados Unidos, y que ya anteriormente había sido formulada por Alexis de Tocqueville: «Most of the people of these nations are extremely eager in the pursuit of immediate material pleasure and are always discontented with the position they occupy and always free to leave it».[321] Pero, como veremos, Martí lo convierte en una cuestión ética al establecer un contraste de valores entre el amor a la riqueza y a los bienes materiales y el amor como concepto espiritual.

En nuestra opinión la espiritualidad del individuo y de la sociedad es lo más importante dentro del pensamiento de Martí que estamos analizando, y ante el espectáculo de la sociedad americana materializada adopta la posición del apóstol y la castiga como hizo Jesús a los mercaderes del templo: «El contacto

---

[319] Ibid., XII, p. 63.

[320] *Le romanticisme social de Lamennais* (París, 1931), p. 288.

[321] Martí, op. cit., IX. p. 15.

de los metales petrifica. ¡Bendito sean todos los que mantienen luces encendidas en los altares del espíritu! y ¡perseguidos sean, con látigos de fuego, todos los que apaguen las luces del templo!».[322]

Utilizando una retórica similar, Martí nos dice que el dinero puede ser la fuente del egoísmo que, a su juicio, es la mayor ofensa que se puede cometer y el amor que engendra por la riqueza es criminal: «ser rico es bueno, pero esto no ha de roer lo otro. Nada es tan repulsivo como un hombre acaudalado que se repliega en sí y descuida los dolores de los hombres. Es un criminal sin duda: un criminal por omisión».[323]

Sin embargo el punto de vista martiano con relación a la riqueza debe entenderse correctamente, pues Martí no se oponía a la creación colectiva de riqueza que garantizara la estabilidad económica, social y política del pueblo. En definitiva a lo que se oponía es al egoísmo y a la ausencia de amor por sus semejantes: «Las riquezas injustas; las riquezas que se arman contra la libertad y la corrompe; las riquezas que excitan la ira de los necesitados, de los defraudados, vienen siempre del goce de un privilegio sobre las propiedades naturales».[324]

Pero sin duda justifica la riqueza que es producto del trabajo honrado y del reconocimiento de la propiedad individual sin restringir ninguna ley moral. A la muerte de Delmónico, propietario de un restaurante de lujo en Nueva York, considera que hay virtud en la formación de su capital que «ahorró con su perspicaz inteligencia, su humildad persistente, su infatigable vigilancia».[325]

Y, de la misma forma, establece que la inteligencia, como facultad espiritual en el trato de la vida diaria, puede llevar también beneficios económicos cuando se convierte en labor intelectual, al mismo nivel que el trabajo físico, «El trabajo no es más

---

[322] Ibid., IX, p. 355.

[323] Ibid., XII, p. 145.

[324] Ibid., XII, p. 250.

[325] Ibid., IX, p.43.

que el arte de acuñar las ideas en oro o plata. Toda moneda ha sido primero idea».[326]

En definitiva lo que Martí enjuicia es la corrupción individual y social por el amor excesivo del dinero que no sólo corrompe al pecador cuando es egoísta sino que también contribuye a la corrupción espiritual de los demás. De la siguiente forma establece claramente que es la causa de la mayoría de los males sociales, y una forma de degeneración: «El hombre acaba por envilecerse, y la mujer por afearse, cuando no templa de vez en cuando el amor exclusivo de su bienestar con el espectáculo de la desdicha ajena».[327]

Igualmente Martí está preocupado por el rompimiento del equilibrio necesario en todo hombre para que no se desborden las bajas pasiones que también existen en el ser humano. La cuestión económica deviene para Martí en un principio moral pues, en su opinión, los norteamericanos se rebajan espiritualmente por su desmedida codicia: «Se mira aquí la vida, no como un consorcio discreto entre las necesidades que tienden a rebajarla y las aspiraciones que la elevan, sino en un mandato de goce, como una boca abierta, como un juego de azar donde sólo triunfa el rico».[328]

Aunque la ideología de Martí, como hemos repetido, está impregnada de religiosidad y refleja una especie de cristianismo secularizado que ve en el ser humano cierto germen divino, nunca consideró a la Iglesia única depositaria de los valores espirituales de la Humanidad. Por el contrario le alarma y condena la desaparición o ausencia de esos valores espirituales en la propia Iglesia convertida en instrumento de la riqueza y el poder. Desde luego que serán los dignatarios eclesiásticos los que reciban su condena, «por lo conocido de la ambición y métodos del clero de Roma, por lo vano y necio de los advenedizos enamorados de la pompa nueva, y sobre todo, por aquella vil causa, propiamente nacida de este altar del dinero, de considerar el poder de la

---

[326] Ibid., IX, p. 431.
[327] Ibid., XII, p. 24.
[328] Ibid., XI, p. 83.

Iglesia sobre las clases llanas como el valladar más firme a sus demandas de mejoras, y el más seguro impuesto de la fortuna de los ricos».[329]

El anticlericalismo de Martí, que se manifiesta en varios pasajes de sus crónicas, ha sido examinado por sus críticos, sobre todo en un trabajo del profesor Manuel Pedro González.[330] Debe aclararse, aunque sea incidentalmente, que tal cosa no significa falta de religiosidad de Martí ni un rechazo del clero honesto, el que alabó cuando venía al caso. Martí, en su concepción religiosa, coincide con Lamennais y con otros muchos sacerdotes católicos, quienes también se rebelaron contra la jerarquía de la iglesia cuando ésta se apartó de su papel de guía espiritual de los feligreses.

Tal como expondremos a continuación, Martí en el desarrollo y análisis que hace del tema de la riqueza en la sociedad americana, como opuesta a la espiritualidad que debe existir en los hombres y en los pueblos, evidentemente anticipa la tesis de José Enrique Rodó en su ensayo «Ariel».[331] Es obvio que los juicios del escritor cubano se apoyan en una estructura ideológica espiritualista que es la base de toda su doctrina. Quizás por otro camino llegó Rodó a similares conclusiones, pero algunos estudiosos de las crónicas martianas, como el profesor González, han indicado la influencia de Martí en muchos escritores de América Latina, especialmente en Rodó:

> Y así en decenas de escritores que no es posible enumerar aquí, y que a nadie se le ha ocurrido estudiar. Un caso notable lo ofrece el *Ariel* de Rodó. Bien conocido es el capítulo que en este libro le consagra el pensador uruguayo a los Estados Unidos, tan aclamado por nuestros «arielistas» como el evangelio Latino frente a la idiosincrasia y cultura yanquis. Nadie ha parado en mientes, sin embargo, en el hecho de que no existe en ese capítu-

---

[329] Ibid., XI, p. 144.

[330] *Martí, anticlerical inrreductible, estudio preliminar* (México, 1954) et. al.

[331] (Buenos Aires, 1966).

lo una sola idea o juicio que no se encuentre reiterado muchas veces por Martí en sus «cartas» a la *Nación* que Rodó leía asiduamente. Rodó, que jamás visitó los Estados Unidos, se apoya en Tocqueville, Herbert, Spencer, Paul Bourget, Charles Baudelaire, Philarete Charles, Michel Chevalier, Edouard René de Laboulaye, etc. En ningún momento alude a Martí. No obstante, tengo para mí que le debe más al cubano que a todos los escritores precitados.[332]

Sin pretender demostrar la posibilidad que apunta el profesor González, sí debe reconocerse en el juicio de Martí sobre los Estados Unidos en cuanto a la espiritualidad, muchas ideas que más tarde fueron expuestas por Rodó más o menos en términos semejantes. De acuerdo con su ideología Martí plantea la necesidad de imponer la virtud a la riqueza, catalogada como vicio: «Es el vicio de la riqueza contra el que han de pelear los pueblos prósperos. Ríndase menos culto. Póngase por sobre ella el culto de las virtudes que la atenúan».[333]

Rodó reconoce en los Estados Unidos una potencialidad tremenda, sobre todo por su utilitarismo, pero admite que tal cosa no basta, y confía que en el futuro se desarrollen las virtudes de que habla Martí: «Esperemos que el espíritu de aquel titánico organismo social, que ha sido hasta hoy voluntad y utilidad solamente, sea también algún día inteligencia, sentimiento, idealidad».[334]

Con respecto al hombre individual, Martí coloca en su juicio a la espiritualidad por encima de cualquier otra cosa. Ya hemos visto critica a los Estados Unidos por su amor excesivo del dinero y como reconoce la superioridad de los valores del espíritu. Le preocupa que el individuo no disfrute de los valores espirituales y su falta lo coloca en una situación más crítica aún que la privación de una prosperidad material: «Sin razonable prosperi-

---

[332] Ivan A. Schulman y Manuel Pedro González, *Martí, Darío y el Modernismo*, (Madrid, 1968), ps. 171-172.
[333] Martí. op. cit., XII, p. 64.
[334] *Ariel*, p. 86.

dad, la vida, para el común de las gentes, es amarga, pero es un cáncer sin los goces del espíritu».[335]

Aunque Rodó elabora una idea similar, su enfoque es diferente pues no cree posible conseguir los valores espirituales sin la existencia de una base material, que desde luego hace la vida más fácil. No creemos que Rodó demerite la importancia de la espiritualidad sino que su análisis está centrado en la necesidad de que el individuo obtenga los bienes materiales necesarios para subsistir y así conseguir los goces del espíritu, cuando dice: «Sin la conquista de cierto bienestar material es imposible, en las sociedades humanas, el reino del espíritu».[336]

Ante una nación que, según afirma Martí, ha perdido el equilibrio que debe existir entre lo material y lo espiritual en toda sociedad, no hay otro camino que dedicar parte de las fuerzas para el enriquecimiento del alma. Aunque reconoce la necesidad de un suficiente disfrute material, éste siempre conjugarse con el ejercicio espiritual para conseguir un balance necesario para que «No se conviertan todas las fuerzas a un sólo objeto que las absorbe e hipertrofie; sino que se distraen y balancean; y como se reciba placer de las amenidades del alma, no se pone toda la voluntad, y la faena, en crearse una riqueza sin la cual es posible la ventura».[337]

Básicamente esta es la idea en cuanto a encontrar el balance necesario entre los aspectos material y espiritual del hombre que plantea la tesis de *Ariel*, al oponerse a los propósitos inmediatos solamente utilitarios, «...que urgía rectificar, puesto que tendía a convertir el trabajo utilitario en fin y objeto supremo dela vida, cuando él en ningún caso puede significar racionalmente sino la acumulación de los elementos propios para hacer posible el total y armonioso desenvolvimiento de nuestro ser».[338]

---

[335] Martí. op. cit., XII, p. 6.

[336] *Ariel*, p. 92.

[337] Martí, op. cit., X, p. 62.

[338] *Ariel*, p. 80.

El desequilibrio que Martí observa en la sociedad americana, lo lleva a formular un juicio negativo en cuanto a su cultura sin deslumbrarse por la tremenda pujanza de una ciudad como New York, pues le preocupa más la ausencia de espiritualidad en la sociedad, cuando dice: «Se ve que no bastan las instituciones pomposas, los sistemas refinados, las estadísticas deslumbrantes, las leyes benévolas, las escuelas vastas, la parafernalia exterior, para mostrar el empuje de una nación que pasa con desdén por junto a ellas, arrebatada por un concepto premioso y egoísta de la vida».[339]

La falta de desarrollo armónico se traduce al final en una cuestión política, la que puede conducir a la muerte de los pueblos. Como consecuencia de la ambición desmedida al dinero, los nuevos ricos se convierten en una amenaza opresiva: «Quieren levantar en la república, con el más insolente a la cabeza, un partido de ricos, que a mano o a desmán, a buenas o a malas retenga la obediencia permanente de las clases productoras, privadas de su parte natural en la distribución de la riqueza».[340] Para luego deducir que por su origen conducirá fatalmente a la destrucción de la nación: «Así mueren los pueblos, como los hombres, cuando por bajeza o brutalidad, prefieren los goces violentos del dinero a los objetos más fáciles y nobles de la vida, el lujo pudre».[341]

Rodó en términos similares se hace eco de la idea expuesta por Martí, y aunque el escritor uruguayo la lleva a una comparación con Roma, nos parece que contiene la misma preocupación por la corrupción política causada por la influencia negativa del dinero: «La formación de esta plutocracia ha hecho que se recuerde, con muy probable oportunidad, el advenimiento de la clase enriquecida y soberbia que en los últimos tiempos de la repú-

---

[339] Martí, op. cit., XI, p. 425.
[340] Ibid., XI, p. 385.
[341] Ibid., XII, p. 70.

blica romana es uno de los antecedentes visibles de la ruina de la libertad y de la tiranía de los Césares».[342]

La espiritualidad como factor cultural polarizador

Es evidente que las crónicas de Martí sobre los Estados Unidos tenían mucho impacto en Latinoamérica e influencia en escritores como Rodó, que hemos mencionado, y servían como vehículo de adoctrinamiento de la masa de lectores que gozaban de su lectura al ser publicadas en muchos de los periódicos nacionales de la América Latina. No dudamos que Martí en sus críticas de los Estados Unidos tenía una intención política ya que el escritor cubano veía aspectos irreconciliables entre los dos pueblos y contemplaba con preocupación la posibilidad de una copia, por parte de América Latina de los elementos sociales de un vecino no solamente distinto, sino mucho más fuerte y ambicioso. Aunque español de origen y de vocación cosmopolita, no dejó nunca de identificarse con lo que él llamó «Nuestra América», y enjuiciar actitudes, costumbres y peligros que veía en la cercanía «de un pueblo emprendedor y pujante que la desconoce y desdeña».[343]

Estas diferencias culturales entre los pueblos de Estados Unidos y la América Latina, será sólo un motivo que el escritor utiliza al hacer una defensa de lo latinoamericano frente a lo angloamericano. Evidentemente Martí estaba interesado en exaltar el prestigio de los pueblos de América Latina para infundirles la confianza necesaria y convencerlos de que la solución de sus problemas debía buscarse en una realidad sociológica distinta a la anglosajona. La originalidad de los pueblos latinoamericanos queda ya perfilada por Martí en una crónica de 1885 y que anticipa lo que dirá más tarde en su ensayo *Nuestra América* de 1891, cuando expresa «Tenemos cabeza de Sócrates y pies de indio, pies de llama, pies de puma y jaguar, pies de bestia nueva. El son nos anda en las venas. Nuestro problema es nuestro y

---

[342] *Ariel,* p.88.

[343] Martí, op. cit., I, p. 21.

no podemos conformar sus soluciones a los problemas de nadie. Somos pueblo original: un pueblo desde los yaquis hasta los patagones».[344]

La intención de Martí es la de abrir los ojos, como confiesa, a los latinoamericanos ignorantes que se avergüenzan de su supuesta inferioridad racial. Trata de convencerlos de que no existe tal superioridad anglosajona al mencionar: «Hace cien años vio Filadelfia, vestida de calzón de pana, vestón de seda y chupa de tirilla, las mismas iras, discordias y querellas que los latinoamericanos ignorantes, enfermos de destemplada admiración, tienen por patrimonio exclusivo de su raza».[345]

Si los Estados Unidos se levantaban como una nación desarrollada y rica, ante los ojos impresionados del mundo a fines del siglo XIX, Martí se apresuraba a indicar la soberbia de este pueblo que miraba en forma despreciativa a los países de América Latina: «Es de honor decir que si bien perdura, por desgracia, en la masa del pueblo americano esa opinión desdeñosa e ignorante de nuestros países que lo tienen dispuesto a mirar a menos, como a dogos falderos, a esos pueblos nacientes que entre tantos obstáculos adelantan».[346]

Pero Martí no se va a contentar con comentar sobe las opiniones negativas o la ignorancia sobre los pueblos de América Latina, que observa en los Estados Unidos. Por el contrario, utiliza la importancia suprema de la espiritualidad en las sociedades para ensalzar una supuesta superioridad espiritual de los pueblos latinoamericanos y utilizarlo como factor cultural polarizador al contrastarlo con la ausencia de la misma y el exagerado materialismo que, según se ha visto, constituye el gran pecado de la sociedad en los Estados Unidos.

A este respecto cabe indicar que, con fecha anterior a Martí y a Rodó, Francisco Bilbao había establecido una configuración «arielista» de América Latina en su trabajo *Iniciativa de Améri-*

---

[344] Ibid., X, p. 261.
[345] Ibid., XIII, p. 316.
[346] Ibid., XI, ps. 31-32.

*ca.*³⁴⁷ Es de veras relevante la estrecha relación del escritor chileno con Lamennais, hasta el punto de ser considerado por el francés como su discípulo. Nos parece importante destacar esta coincidencia entre el juicio de Bilbao y el de Martí sobre los Estados Unidos, con el expresado por Lamennais. En carta que le dirige a Bilbao en 2 de noviembre de 1853, así establece Lamennais la oposición latina al materialismo que caracteriza a lo que llama «raza anglosajona»:

> La providencia ha destinados [a la América Latina] a formar el contrapeso de la raza anglosajona, que representa y representará siempre las fuerzas ciegas de la materia en el Nuevo Mundo. Ella no cumplirá esta bella misión, sino desprendiéndose de los lazos de la teocracia, uniéndose, confundiéndose con las otras naciones latinas, lo nación italiana y la nación francesa.³⁴⁸

Martí justifica y defiende la cultura latinoamericana, y perfila la idea de hidalguía como característica favorable de estos pueblos. Conformada dentro de su concepto del honor, el escritor considera lo que califica de hidalguía como una superioridad del latino, al contrastarla con la falta de ella en el anglosajón, lo cual expresa al decir: «Todo golpe es bueno, con tal que se aturda al enemigo. El que inventa una villanía eficaz, se pavonea orgulloso. Se juzgan dispensados, aún los hombres eminentes, de los deberes más triviales del honor. No concibe nuestra hidalguía latina tal desborde».³⁴⁹

Consecuentemente, se preocupó de advertir claramente que los latinoamericanos debían estudiar y examinar todos los aspectos de la sociedad americana para no dejarse deslumbrar por una apariencia que podía ser engañosa: «En lo que peca, en lo que yerra, en lo que tropieza, es necesario estudiar a este pueblo para

---

³⁴⁷ *Obras completas* (Buenos Aires, 1866), I, ps. 285-304.

³⁴⁸ Armando Donoso, *El pensamiento vivo de Francisco Bilbao*, (Chile, 1940), p. 190.

³⁴⁹ Martí, op. cit., X, p. 185.

no tropezar como él. La historia anda por el mundo con careta de leyenda. No hay que ver sólo las cifras de afuera, sino que levantarlas y ver, sin deslumbrarse, a las entrañas de ellas».[350]

Tal como previamente hemos expresado, nosotros estamos convencidos de que Martí expuso su ideología romántico social, que lo identifica con la de Lamennais, en sus crónicas sobre los Estados Unidos y especialmente utilizó los principios de esa doctrina sobre la espiritualidad individual y social para criticar la cultura anglosajona y contrastarla con la latinoamericana, que resultaba para él muy superior con respecto a esos valores. A este respecto sinceramente creemos que Martí exagera el contraste y con frecuencia expresa opiniones apasionadas sobre América Latina las cuales, a nuestro juicio, no parecen fundarse en la realidad social de esos pueblos en el siglo XIX.

De forma categórica vislumbra un porvenir nefasto para los que se dejan impresionar por ese oropel ajeno a la realidad latinoamericana, y olvidan la espiritualidad que su cultura les ofrece. Martí considera insensato desdeñar esa superior cultura latinoamericana y alienta a los pueblos de América Latina a encontrar la felicidad en sus propios valores espirituales, sin duda el único camino positivo. Comentando sobre aquellos que viven en los Estados Unidos,, nos dice: «Más es fama que una melancólica tristeza se apodera de los hombres de nuestros pueblos hispanoamericanos que allá viven, que se buscan en vano y no se hallan; que por mucho que las primeras impresione hayan halagado sus sentidos, enamorado sus ojos, deslumbrado y ofuscado su razón de angustia, la soledad les posee al fin, la nostalgia de un mundo espiritual superior los invade y aflige. . . porque aquella gran tierra está vacía de espíritu».[351]

Nos inclinamos a pensar que Martí refleja en esta cita un sentimiento muy personal y no el de los latinoamericanos que en esa época emigraban a los Estados Unidos de sus países de origen, probablemente para aprovechar las oportunidades que ofre-

---

[350] Ibid., X, p. 299.

[351] Ibid., IX, p. 126.

cía una sociedad que se desarrollaba rápidamente y que quizás no podían encontrar en su países las mismas ventajas, dado las dificultades económicas y políticas que abundaban en América Latina durante el siglo XIX. Es cierto que los Estados Unidos era un país convulso y difícil para conseguir una estabilidad espiritual, pero también nos imaginamos que los países de Latinoamérica no estaban mejor dotados para ofrecer la posibilidad de una mejor vida espiritual, dado la inestabilidad social y política que prevalecía en muchos de ellos durante esa época.

De manera semejante, con muchas dudas plantea Martí el posible beneficio que para los hispanoamericanos resultaría el aprovechar los adelantos tecnológicos del vecino del norte, pues lo más importante para él era conservar los valores espirituales por encima de un sistema educacional enfocado predominantemente en los aspectos técnicos o científicos. A pesar de tener clara conciencia de la ventaja que ofrecen las instituciones universitarias norteamericanas, pero previendo la deformación que pueden causar en la mente de los jóvenes, advierte a sus lectores que no manden sus hijos a las mismas hasta que no tengan la madurez necesaria: «¡Mírense los padres en mandar aquí a sus hijos! Los libros viajan sin pudrirse, pero los hijos no. Allá sabemos todo lo que aquí se enseña salvo una u otra especialidad que pueden venir a aprender cuando el carácter ya esté maduro y no en peligro de perderse. Aquí solemos perder aquel ardiente estímulo y la nobleza ideal que no estorban a la ciencia verdadera, sino que la complementa y realiza».[352]

Todos los valores espirituales como el ideal, el desinterés, el buen gusto, y la delicadeza en las costumbres, los opondrá Martí a la carencia de ellos en el pueblo norteamericano, cuya vida equipara al de la «bestia de hipódromo, apretada y seca, como las fauces del que camina largo tiempo por un desierto en que no hay remanso para apagar la sed».[353] Y de este modo contrasta el excesivo materialismo de los Estados Unidos con el idealismo

---

[352] Ibid., XII, p. 54.

[353] Ibid., X, p. 225.

que se encuentra, entre otros pueblos, los latinoamericanos: «Otros pueblos, y nosotros entre ellos, vivimos devorados por un sublime demonio interior, que nos empuja a la persecución de infatigable de un ideal de amor o gloria».[354] De nuevo imaginamos que Martí vuelca en este comentario su personal idealismo configurando los postulados del amor y el deber que fundamentan su ideología romántico social.

Asimismo, Martí observa que en la sociedad norteamericana todo entretenimiento esconde un interés pecuniario o la satisfacción de instintos brutales. Aprovecha la rudeza de un espectáculo como el boxeo para explicar como este deporte vino a los Estados Unidos con «los hombres de aquellas tierras del Norte, que opusieron a los dardos de los soldados del César el pecho velludo».[355] Y aprovecha esta manifestación de barbarie para contrastarla con la delicadeza innata que ve en los pueblos de América Latina, explicando como «los aztecas industriosos y los peruanos cultos hacían caminos en la cresta de los montes, echaban por canales ciclópeos las aguas de los ríos, y labraban para los dedos de sus mujeres sutilísimas joyas».[356]

La destrucción del hogar familiar significa para Martí el rompimiento de un orden necesario en la vida para el mantenimiento de la unión espiritual entre el hombre y la mujer, lo cual utiliza para contrastar las dos culturas. El hogar norteamericano, en sus valores, es inferior al latinoamericano, cuando nos dice lo siguiente del primero: «el hogar es un cuarto de hotel, cuyas paredes no son cual aquellas en nuestras casas, a las que se ama y conserva, como a seres vivos, y de quienes no se aparta el alma sin desgarramiento, tal como el árbol de la tierra en que tiene sus raíces».[357]

Esta falta de espiritualidad familiar hace desaparecer el verdadero sentido de las actividades humanas y conduce a un re-

---

[354] Ibid., IX, p. 126.

[355] Ibid., IX, p. 225.

[356] Ibid., IX, p. 225.

[357] Ibid., IX, p. 201.

lajamiento de las costumbres. Las ocasiones de regocijo, aún las de sentido religioso, son presididas por el intercambio de regalos en vez de afectos. Martí se complace en señalar la diferencia en la forma de celebrar una fiesta de tanta tradición cristiana, como el nacimiento de Jesucristo: «No son las Christmas del yanqui como las Pascuas del hidalgo. Ni es la cena sino mero accidente de este regocijado jubileo. Las Christmas son las fiesta del dar y del recibir, de hacer donativos al pariente pobre, de contentar de sobra el dinero; de buscarlo para ostentarlo» [358]

Y desde luego, la mujer como una de las reservas espirituales de cualquier nación, para Martí, no es considerada de igual manera por las dos culturas. Su punto de vista se centra en el hombre norteamericano quien, como ha mencionado con anterioridad, se ha transformado en una criatura práctica y materialista, que no estima en la mujer los valores esenciales que el latinoamericano, superior espiritualmente, sabe apreciar. «No ve el norteamericano en la mujer aquella frágil copa de nácar, cargada de vida, que vemos nosotros, ni aquella criatura purificadora a quien recibimos en nuestros brazos cuidadosos como nuestras hijas, ni aquel lirio elegante que perfuma los balcones y las almas. Ve una compañera de batalla a quien demanda brazos rudos para batallar».[359]

De una manera categórica contrapone los valores distintivos de ambas culturas, asignando a la latinoamericana los del amor y el espíritu, y a la norteamericana sólo la virilidad que considera nociva, pues es un exceso que, en su opinión, rompe un equilibrio necesario en la relación de los dos sexos: «Brillan por su ternura generosa, verdaderamente fuente de vida —para aquellos a quienes aman— las mujeres de nuestra América; y por su brío viril y sensatez, a veces descarnada y excesiva, las mujeres de América sajona».[360]

---

[358] Ibid., IX, p. 201.
[359] Ibid., IX, p.248.
[360] Ibid., XIII, p.251.

Nos parece que el comentario de Martí ensalza de una forma poética la espiritualidad que el hombre latinoamericano se supone busca en la mujer, y lo categoriza como algo positivo, desdeñando la posición práctica que ve en el norteamericano al preferir una compañera fuerte y decidida con quien enfrentar las vicisitudes de la vida. Aunque la cita intenta defender los valores espirituales, en este caso quizás sea poco convincente en cuanto a la ventaja de ver a la mujer latinoamericana obviamente llena de virtudes pero probablemente limitadas en sus capacidades, aunque nos imaginamos que las lectoras latinoamericanas del siglo XIX quizá se sintieron halagadas al ser descritas tan embellecidas espiritualmente.

Desde luego la expresión artística, como resultado de la espiritualidad innata en todo ser humano es, para Martí, patrimonio de los latinoamericanos a quienes los ve más sensibles en la comparación de valores entre las dos culturas. La creación, como producto espiritual, no puede ser adquirida por dinero ni por el progreso material y, aunque contempla en la sociedad norteamericana grandes edificios y salones lujosos, no ve en ellos destacarse la belleza. De la siguiente forma enfatiza la superioridad artística de México sobre los Estados Unidos, al expresar: «¡Ah! ¡Cuán diferentes resultados, los que hasta la fecha, y con tanto ánimo y precio, ha dado el arte rudo imitativo de los Estados Unidos y sus practicantes, y el que, sin estímulo ni campo, ni más que una sola y buena escuela, rica en cuadros antiguos, lleva dado, con sus estudiantes, geniosos y pobres, el arte en México! Allí, a las pocas tentativas, rebosa lo que aquí falta: la personalidad».[361]

Tal como hemos dicho, este concepto de la espiritualidad es el que caracteriza de manera singular el pensamiento martiano y creemos que su importancia no ha sido enfatizada y quizás hasta repudiada por algunos críticos que la consideran como una debilidad de carácter o un mesianismo poco práctico al enfocar los distintos aspectos que identifican la existencia de los seres huma-

---

[361] Ibid., X, p.230.

nos y las sociedades. Pero nos imaginamos que, en este caso, Martí utiliza el concepto de espiritualidad para hacer una crítica severa y merecida de los norteamericanos y su sociedad en el siglo XIX, con el propósito de demeritar el desarrollo material de los Estados Unidos, enfatizando su falta de espiritualidad como la debilidad de una sociedad que impresionaba al mundo entero por su extraordinario avance industrial y poderío económico. No hay que olvidar que Martí también sospechaba, con razón, que la ambiciones de los Estados Unidos en esa época representaban, desde su punto de vista, un peligro latente para la América Latina.

De igual manera podemos ver que, como contraste, Martí idealiza a los pueblos de América Latina, al mostrarlos con los atributos de un perfecto espiritualismo que, con toda seguridad, él sabía que no era característica de los pueblos latinoamericanos de su época. Es obvio que Martí conocía muy bien los problemas sociales y políticos de América Latina dado sus experiencias negativas al intentar establecer su residencia en México, Guatemala y Venezuela. La verdad es que nunca pudo lograr su propósito, pues tuvo que abandonar esos países debido a conflictos políticos e ideológicos surgidos con los gobiernos corruptos o caudillistas que existían en toda la región, y terminar en los Estados Unidos, donde vivió la mayor parte de su vida adulta, hasta que finalmente pudo regresar a Cuba con el propósito de luchar y morir en la guerra independentista de 1895, cumpliendo así el verdadero ideal de su existencia.

Ello no obstante, Martí se propuso enviarle a sus lectores de América Latina la idea de la superioridad espiritual de todos los pueblos del área, considerados globalmente bajo el techo común de la entidad que llamó «Nuestra América», como símbolo de una unión a la cual seguramente aspiraba como su futuro. Esta idea unitaria influyó, sin duda, en el movimiento ideológico «arielista» que fue muy popular en América Latina y al cual, según hemos explicado antes, Martí contribuyó a su desarrollo con la prédica contenida en sus crónicas

Es evidente que Martí no sólo se limitó exponer su ideología en sus Crónicas sobre los Estados Unidos sino que nos enseñó con su vida de sacrificio y sufrimiento su identificación con ciertos postulados morales y éticos que convierten sus pensamientos en una actividad filosófica, un imperativo vital.

Por eso, nos parece apropiado recordar las palabras del profesor Aníbal Sánchez Reulet en su obra *Raíz y destino de la filosofía*, cuando nos hace el siguiente comentario de lo que constituye la verdadera vocación filosófica, el cual encontramos apropiadamente aplicable al talentoso pensador y patriota que fue José Martí:

> La verdadera contemplación filosófica no es posible sino en esa integración de vida y teoría. Por otra parte, creer que la filosofía puede reducirse a un cuerpo de verdades despegado de la vida o de la existencia del hombre, es ignorar el interés que lleva al hombre a hacer filosofía: un interés eminentemente práctico, una exigencia de orden ético.[362]

---

[362] Tucumán, Argentina, Universidad Nacional de Tucumán, 1942, p.41.

www.ingramcontent.com/pod-product-compliance
Ingram Content Group UK Ltd.
Pitfield, Milton Keynes, MK11 3LW, UK
UKHW042004230426
12048UKWH00009B/549